卓越学术文库

刑法中的行为概念研究

XINGFA ZHONG DE XINGWEI GAINIAN YANJIU

河南省高等学校哲学社会科学优秀著作资助项目

刘 霜 著

郑州大学出版社
郑 州

图书在版编目(CIP)数据

刑法中的行为概念研究/刘霜著.—郑州:郑州大学出版社,2016.9
(卓越学术文库)
ISBN 978-7-5645-3465-3

Ⅰ.①刑… Ⅱ.①刘… Ⅲ.①刑法-研究 Ⅳ.①D914.04

中国版本图书馆 CIP 数据核字(2016)第 217842 号

郑州大学出版社出版发行
郑州市大学路 40 号　　邮政编码:450052
出版人:张功员　　发行电话:0371-66966070
全国新华书店经销
新乡市豫北印务有限公司印制
开本:710 mm×1 010 mm　1/16
印张:10
字数:191 千字
版次:2016 年 9 月第 1 版　　印次:2016 年 9 月第 1 次印刷

书号:ISBN 978-7-5645-3465-3　　定价:23.00 元

序

我基本上是不为人写序的，但在收到本书作者的短信后，我一口就答应了。答应得这样爽快，主要有三个原因：一是本书涉及的问题都太重要了；二是作者为完成本书的付出太让人感到震撼了；三是我还想借写序这个机会塞点私货。

说这本书涉及的问题太重要了，是因为本书讨论的刑法中的行为问题，是刑法理论中解决一切犯罪认定问题的技术基础。犯罪是一种行为，在不清楚什么是前提的行为的情况下，要想真正解决犯罪的构成、犯罪的未完成形态、共同犯罪、罪数等犯罪论问题，是根本不可能的。"不作为""犯罪的着手""共同犯罪"等问题，之所以自近代以来就成为各国刑法理论大家聚讼的焦点，对什么是刑法中的行为知之不明、辨之不清，不能说不是原因；各国刑法学在犯罪构成、犯罪形态等理论问题上均呈现众说纷纭、莫衷一是的局面，也无一不是在行为问题上没有统一认识所引起的。在我个人的学术经历中，关于刑法中行为的研究应该始于我的硕士论文（1986）。这篇名为《论犯罪构成各要件的实质及辩证关系——改造现行犯罪构成理论的探索》的论文，1996 年在陈兴良教授主编的《刑事法评论》中全文发表。后来又收入了我为纪念西南政法大学校庆 50 周年而写的《刑法散得集》中。关于这篇论文，我曾在《刑法散得集》的序中说过自信得近乎狂妄的话："我深信，任何一个读懂了该论文的人，不管是否赞成其中的观点，刑法理论的造诣都会进入一个新的境地。"我认为，刑法中的行为应是"一定主体控制或者应该控制的客观条件作用于一定客观事物存在状态的过程"。这个关于刑法中行为的新概念，是我在我的博士论文——《论刑法中行为概念与犯罪构成要件的关系》（1996）中提出来的。如果稍微留意一下这个新概念与我硕士论文间联系的话，就不难看出，这个所谓的新概念实际上不过是进一步概括、抽象我在硕士论文中对犯罪行为构成要素实质所做分析的结果而已。尽管如此，我个人运用这个概念解决刑法理论，特别是犯罪论中存在问题的经验似乎证明：只要以这个行为概念为基础，至少是犯罪论的范围内不应该存在任何难以解决的问题。不论是不作为的实质，还是犯罪构成的内容，也不论是着手、共犯的认定，还是罪数问题的处理，只要以这个行为概念为基础进行分析，都能够得到比现有理论更为简单、更为明确、更符合法律整体要求的解决方案。例如，除本书中已经讲到的诸如共同犯罪等问题的解决方案外，以行为人是否"已经开始控制作用于行为对象的客观条件"作为区分预备与着手的客观标准，显然就比现有的理论更容易解决犯罪预备与未遂的界限问题。

作者为本书的付出，是我为本书写序的第二个原因。说实话，从我有资格招博士研究生开始，我就一直希望有学生能以刑法中行为为博士论文的选题，但在第一次听到本书作者谈到她有这个想法时，我的内心多少还是有些意外的。在我最初的印象中，本书作者应该是一个传统的勤于学习、尊重现有权威的知识积累型学者，理论思辨似乎不应该是她特别突出的强项。如果把增强自己某方面的能力也能称之为"补拙"的话，本书作者完成本书的本身很可能就应该是一个勤能补"拙"的典型。为什么？因为，很可能只有我本人才知道，要把我的一些看法变成几十万字的学术成果可能要付出多少艰辛，特别是对于本书作者这种特别尊重传统理论的学者而言，难度就更不同一般。尽管我关于刑法中行为的看法在课堂上都有过相当系统的讲述，也与有兴趣的同行们交流过意见，但是我的这些看法完全是我个人对作为事实的刑法中行为这种现象的概括和抽象，无论是结论与方法都很难在传统刑法理论中找到直接的渊源。就这一点，对于那些坚持以"学必溯源"为治学之要的学者来说，理解我的看法就是一件难以想象的事情。记得有一次，一个我认为学识和悟性都相当不错的学生问我，你这些观点的渊源在哪里？我告诉他，我的看法都是根据一些常识性的理论来分析所观察到的事实的结果。之后，他似乎就失去了进一步了解的兴趣。要理解我关于刑法中行为的看法，难度不仅在于结论与现有观点大相径庭，更在于我得出结论的方法与传统理论上的思路完全不一样。如果再考虑到我成文的东西极少，课堂讲授多是在蹩脚而且发音不清的普通话进行讨论中进行的等因素，大家也许就可想象得到，要把我的一些想法变成表达如此清楚、资料如此充分的学术专著，本书作者需要付出多大的努力。然而，这些似乎都还不是在内心推动我为本书写序的理由。因为真正的理由是：我想借这个机会，向本书作者表达一份深深地憋在心中已经很久的歉意。我是一个喜欢别人问问题的人，本书作者则是一个非常好问的人，但有一次我却忍不住因她问我问题而大光其火了。那是发生在她博士论文写作的过程中。记得当时我给她讲：按道理说，为师者应该"诲人不倦"，你如果有新的问题，或者对我上次解答有新的疑问，你可以问一万遍，我都乐意回答；但是，你怎么可以把一个我已经回答过数十上百遍的问题，原封不动地反反复复地问上这么多遍呢？

我当时的确很生气，后来却一直为此而感到内疚。因为，我后来知道，此事应该是发生在本书作者刚生完小孩这段特殊的生理期中。我的心真是感到了从来没有的震撼。因为我不仅知道，那段特殊时期对一个女性体能和心力的消耗，而且我还知道，就在那段时间，本书作者还正在北京准备出国外语考试，正在赶着为晋升职称完成相关科研成果……一个被许多精力充沛、智力超群的人都视为畏途的工作，居然是由一位处于这样特殊时期、特殊情境的女生完成的。个中的艰辛，完全超出了我可能想象的范围。震撼之余，就是愧疚，所幸的是现在终于有机会用这种形式补上了一直深藏在我心中的那个道歉。

除本书内容的意义、作者的艰辛外，借本书出版之机，我自己还想塞点什么私货呢？

我想强调的是：与我的其他法学观点相比，有关刑法中行为的看法并不是我所提出来的最重要的观点，但就我个人的学术心历而言，这个问题却占有任何其他观点都不可能比拟的地位。因为，正是在研究刑法中行为的过程中，我发现现有法学理论中的基本问题实际上都是现有法学研究方法的结果，如果不改变现有的研究方式，这些问题就是根本不可能得到解决的。用个不适当的比喻来说，我提出刑法中行为新看法的过程，多多少少有点像传说中牛顿发现地心引力一样，因为我的这个看法完全是受日常生活中行为的启发。如果观察稍微仔细一点，任何人都很容易发现，我们日常生活中的行为通常都是包含行为人、行为手段、行为对象三个要素，而将三个要素结合为一个整体的，就是行为人行为的主观目的。以最普通不过的吃饭为例，吃饭不就是一个人以其意志控制自己的肢体和餐具将食物送到自己消化器官中去的过程吗？在吃饭这个最常见的行为中，如果离开餐具、食物，一个人身体的动静就不可能具有行为的意义，这样一个实例就足以说明现有理论将行为仅仅局限为“身体动静”的不足，这样，通过对日常生活与刑法中行为的比较、概括、抽象以及与现实中的各种具体的行为进行反复的验证，最后终于提炼出了“主体控制或者应该控制的客观条件作用于一定的人或物的存在状态的过程”，这样一个应该可以解释需要刑法调整的各种行为的定义。自此，自己开始注意以事实概括抽象为基础与最终检验标准为最基本的研究方法来解决法学理论中的那些最基本的问题，提出了一系列在法学界产生了一定影响的独立见解。诸如，以人特有的需要内容与需要满足方式为内容的人性观，现代法治应是人性之治、良心之治、常识常理常情之治的法治观与法学教育观，以及司法改革应该坚持司法职业化与民主化相结合，刑法应以个人基本人权与包括犯罪人在内的全体公民人权为调整对象，主观罪过是犯罪构成要件的核心，应以主观罪过的内容及其实现程度作为认定犯罪行为性质与形态标准等观点，都可以说是运用以事实为基础的研究方法所得到的成果。

除了研究方法外，我还想就如何理解本书中的行为谈几点看法。

第一，刑法中的行为概念，如果从不同角度观察完全可以抽象出不同的内涵。尽管我将刑法中的行为界定为“主体控制或者应该控制的客观条件作用于一定人和物的存在状态的过程”，但同任何事物的概念一样，刑法中的行为也完全是一个可以从不同角度赋予不同内涵的概念。例如，从行为人的角度，我们可以将刑法中的行为界定为“主体（的能力和义务）在刑法中的存在和表现形式”；以行为人与行为对象为视角，我们则可以将其界定为“行为人与行为对象相互作用的结果或过程”；如果从行为主观方面理解，所谓的行为实质上则可理解为主体意志状态的内容在客观世界中展开的过程……既然如此，那我为什么会对刑法中的行为做目前这种界定呢？理由很简单：在刑法学中研究行为的目的，主要是正确认定犯罪，而只有在本书中所界定的行为内涵中，才能包含法律所要求的认定犯罪性质与形态所必需的全部事实要素。“主体控制或者应该控制的客观条件作用于一定人和物存在状态的过程”这一表述，不仅有助于刑法理论更清楚地根据刑法规定抽象出行为人、行为方式、行为对象、支配行为实施行为的心理状态等犯罪成立必需的全部事实要件，同时还可以通过“过程”这一说法，将犯罪的未完成形态等内容也涵盖到行为概念的范围之内。至于这个概念如何解决犯罪论中那些具体的问题，本书中有较好的具体说明，相信大家读后都会有自己的体会，我在此就不赘言了。

第二，如何用更简洁的方式来概括我对刑法中行为的看法，或者说如何给我的这种看法取个名称，是很多人在催我做，我却一直在犹豫的问题。最初有人问这个问题时，我想到的是“控制行为论”。因为在我看来，“控制或者应该控制”主要是行为主观方面的内容，是行为中最核心的要素：它不仅是将其他行为要素连接在一起的要素，更是在形式上决定行为存在范围，内容上决定行为性质的要素。后来，我也曾考虑过可否称这种行为观为“社会行为论”，这一方面是因为只有具有社会意义的“控制”才可能具有刑法意义，另一方面则是因为如果离开社会，“应该控制”就是一个根本不可能存在的东西。最近两年，我开始倾向于将我对行为的看法称为“规范行为论”。理由也很简单：因为不论是“控制”或者“应该控制”，都只有成为规范评价对象（如犯罪行为或正当行为）后才可能进入刑法的范围；即使是意外事件等看上去与“控制”或者“应该控制”无关的“行为”，进入刑法领域的唯一理由也只能是需要以规范的内容为标准判断它们是否属于刑法的调整范围。

第三，在我国刑法规定和刑法理论中，“行为”一词有不同的用法，我所提出的行为概念不是对这些用法的概括，而是刑法用来评价这些行为是否可能属于刑法调整范畴的标准。例如，我国刑法中也有关于意外事件、不可抗力、完全丧失辨认和控制能力的精神病人行为的规定，这些行为并不符合“主体控制或应该控制的客观条件作用于一定的人和物的存在状态的过程”这一定义。但是，这些行为既不是刑法“惩罚犯罪”的宗旨所指，也不在刑法“用刑罚同一切犯罪做斗争”的任务范围之内，刑法规定这些行为的目的显然主要是强调这些在客观上与犯罪相似的行为与犯罪的区别，防止刑罚被滥用到这些行为之上。本书中的行为概念，应该具有将这些不应由刑法调整的行为排除出刑法调整范围之外的作用。

第四，犯罪是作为整体的包含所有法定事实特征的行为，犯罪构成的客观要件是法律规定（犯罪）行为客观方面必须具备的特征，二者之间是整体与部分的关系。正如本书中已经提到的那样，将行为或者危害行为作为犯罪构成的客观要件这种观点，不论在逻辑上或是在事实上都很可能难避以偏概全之嫌。记得，我曾经将犯罪构成的客观要件界定为“犯罪行为的客观性质”，如杀人罪的客观要件应是行为客观上具有能致人死亡的性质。今天看来，这样一个界定还需要进一步说明。如果联系预备、未遂、中止等直接故意犯罪的未完成形态来考虑的话，行为客观方面是否实际具有某种客观性质与这些犯罪的成立之间并无必然联系。例如，在行为人经过检查，相信自己所用枪支没有问题的情况下向被害人开枪，即使他使用的枪因为撞针存在问题而根本不可能击发，或者说即使行为客观上不可能具备致人死亡的客观性质，依照我国刑法规定也可能按故意杀人定罪处刑。所以，被冠以“（危害）行为”之名的犯罪客观要件，实际上并不必然以客观上是否具有某种客观性质为成立条件，或者说犯罪客观要件的实质并不存在于行为客观表现之中，而只能在行为人对于行为的认识内容与控制状态中去寻找。因为，所谓犯罪的客观要件，只不过是行为人主观上认识或应该认识到的行为客观性质而已。

一篇序居然写了这么长，该结束了。最后想说一句，就是对本书作者的感谢。在本书没出版之前，我关于刑法中行为的看法最多可以说是大家知之不详的一种观点。有了本书洋洋洒洒几十万字的阐述后，是不是也可以称为一种理论了呢？能借本书促使更多的人关注、指正我关于刑法中行为的看法，仅仅因为这个原因，我也应该向本书作者艰辛的付出致以深深的谢意。

重庆大学法学院　陈忠林

2016 年 5 月

前 言

犯罪是行为。刑法中的行为是作为犯罪成立前提的行为，在现代刑法中处于基础地位。刑法理论中的核心问题即是刑法中的行为问题，涉及犯罪的概念、犯罪构成、犯罪论、刑罚论乃至整个刑法体系的确立，历来为中外刑法学者所重视。纵观刑法学界对行为理论的研究，以大陆法系最为成熟。因果行为论、社会行为论、目的行为论、人格行为论各具特色，但仍存在各自难以解决的问题。我国刑法学界对于行为理论的研究起步较晚，行为理论中还存在一些问题值得商榷。而一旦无法对刑法中的行为概念进行准确定性，随之建立的犯罪论体系也就不可避免地出现诸如不作为犯罪的行为性、狭义共犯的处罚依据等一系列难以解决的问题。基于此，本书以“刑法中的行为概念研究”为题展开论述。全文共分为三个部分，引论、正文及结论，其中正文部分由八章组成。

引论部分包括问题的提出、刑法中行为概念的研究现状以及本书拟解决的问题，引出本书探讨的主题“刑法中的行为概念研究”。

正文部分第一章为“两大法系刑法理论中的行为概念”。首先是对大陆法系行为理论的解读，分别介绍因果行为论、社会行为论、目的行为论和人格行为论，并对以上四大行为理论进行评析：因果行为论由于不能说明不作为的真谛而难以成为圆满的行为理论；目的行为论的难题在于无法解说过失行为的性质；社会行为论因无法解释社会意义而难以对行为准确定性；人格行为论以抽象意义的人格来定性行为使行为更加难以把握。问题的根源就在于目前尚没有一个权威的行为概念将现有刑法中的行为类型涵盖其中，如何对行为概念进行重新诠释，是值得各国刑法学界思索的难题。其次是“英美法系刑法理论中的行为概念”。分别介绍英国刑法中的行为概念和美国刑法中的行为概念，但由于英美法系本身的特点，因此在英美法系刑法中并没有一个经过准确定性的行为概念。

第二章为“我国刑法理论中的行为概念”。首先介绍我国刑法理论中的行为概念之争，继而是对我国刑法理论中的“危害行为”进行系列追问。目前我国刑法学界对于行为概念的研究还存在一些问题值得商榷：一是我国现有刑法理论没有对刑法中的一系列相关的行为概念进行理论上的区分，刑法中一般意义的行为、刑法评价的“行为”、犯罪行为和犯罪构成客观方面的“行为”分别属于不同意义的行为概念，而刑法理论并未将其逐一甄别并准确定性；二是我国权威的刑法教科书将大陆法系刑法理论中构成要件符合性判断前的刑法中一般意义的行为，等同于我国犯罪客观方面的行为要素，并称其为“危害行为”。两个概念不仅范畴不同，而且内涵更是大相径庭。我国刑法理论通说观点认为，危害行为是在人的意志支配下实施的危害社会的身体动静。对于该概念引发一系列的追问：第一，如果认为危害行为在客观上表现为人的身体动静，那么应当如何解决行为理论中的最大难题——不作为犯罪的行为性问题？第二，如果认为危害行为在主观上是在行为人的意志支配下的身体动静，那么是否所有无意识的行为都排除在刑法调整的范畴之外，行为人都不需承担刑事责任？原因自由行为又应当如何解释呢？第三，如果认为危害行为在法律上是对社会有危害的身体动静，是否有（严重）社会危害性的行为都可以成为刑法惩罚的对象？刑法范畴的准入应以何种规则加以限定？第四，如何认定身份犯、持有犯的行为性问题？问题的提出，引发了对传统刑法理论中“危害行为”概念的一系列的思考。对刑法中行为首先应当进行理论上的分类并分别进行准确定性，继而再尝试着解决行为理论中出现的一系列难题。

第三章为“刑法中行为概念的重构”。刑法中的行为是最广义的行为概念，应当重新定性为：行为人控制或者应该控制的客观条件作用于具体人或物的存在状态的过程。刑法中行为是犯罪成立的前提，是构成要件符合性判断之前的行为，是作为刑法基础的行为。还需要厘清刑法中行为与其他近似概念的界限，具体包括：①刑法评价的行为。刑法评价的对象，除了真正意义的行为之外，还包括刑法评价的非行为事实，例如意外事件、精神病人在完全丧失辨认和控制能力的状态下实施的“行为”等。由于这两种情况引起的危害结果不是在行为人主观意志支配下实施的，对行为的发展过程也不是行为人能够控制或应该控制的，因而不是真正意义的行为，而是刑法评价的非行为事实。②犯罪行为。犯罪行为是符合刑法规定的犯罪构成的行为。按照重新定性的行为概念，犯罪行为是指行为人控制或者应该控制的客观条件作用于刑法所保护的具体人或物的存在状态的过程。③犯罪客观方面的“行为”，我国传统刑法理论称之为“危害行为”。危害行为的实质是犯罪行为的客观性质，由于不包含主观要素的内容只关注于客观方面的要素而不能作为独立的行为实体存在。

第四章为“行为概念中的‘行为人’”。行为首先是人的行为，是主体的存在和表现形式。因此行为主体的认识能力和控制能力是决定行为性质的前提和基础。行为主体通过对自己认识能力和控制能力的运用，来改变具体的行为对象的存在状态，从而决定行为的性质。只有是主体能够控制的客观事实，才可能归因于主体，才可能是主体的行为。因此，主体对于某种行为的控制能力，是行为人成为该行为主体的关键，包括两个方面的内容：一是行为人的控制能力和控制义务；二是行为主体的主观能动性。当个人满足需要的方式与社会的需要相一致时，个人为了满足自己的需要，运用自己对于行为的辨认能力和控制能力就会对社会产生积极的影响，如刑法规定的正当防卫、紧急避险。从社会利益的角度，我们称这种主观能动性为积极的主观能动性；但如果个人满足需要的方式与社会的利益相冲突，个人为了满足自己的需要而运用自己对于行为的辨认能力和控制能力，就会破坏社会的稳定，对社会产生消极影响，我们称这种主观能动性为消极的主观能动性。

第五章为“行为概念中的‘控制或应该控制’”。只有主体能够控制的客观事实，才可能归因于主体，才可能是主体的行为。因此，行为概念中的“控制或应该控制”，是主体运用自己控制能力的实际状态，是行为概念的核心。主体的行为过程，是将主体的辨认能力和控制能力具体化为有一定内容的心理状况，并在这种心理状况的支配下控制自己行为性质的过程。因此，行为是主体特定心理状态在客观世界的展开，是主观要件的现实化。主观要件体现为行为人认识和控制自己行为性质的心理状态，包括行为人对行为的认识状况和控制状况两个方面的内容。行为的主观要件首先以认识因素为基础，即行为人认识到或应该认识到自己的行为及可能产生的后果，因而才能控制或应该控制自己的行为；其次是行为的意志因素，是行为人在认识因素的基础上，对自己行为的发展过程控制或应该控制的心理状态。行为主体通过对自己行为的控制状态，使主体认识状态中的主观内容转化为客观现实。可以分为三种情况：一是行为人有义务控制自己的行为使危害结果不发生，但行为人没有控制，从而导致危害结果发生的，行为人要承担刑事责任；二是行为人有义务控制自己不实施危害社会的行为，但采取希望或放任的态度，从而导致危害结果发生的，也应当属于刑法调整的范畴；三是行为人虽然可能已经认识到自己行为的性质，但由于无法控制或不能控制，从而导致危害结果的发生。由于不是在主观意志支配下实施的，因而不能认定为刑法中的行为，只能是刑法评价的事实，诸如意外事件。

第六章为“行为概念中的‘客观条件’与‘过程’”。行为之所以是行为就在于能够引起外界的变化。如果仅仅体现行为人的目的性而没有引起外界的任何变化是不能被称为行为的。因而,行为的实施过程也就是引起外界发生变化的过程。而发生这种改变是主体通过控制客观条件的属性来实现的。行为是主体在认识自己行为性质的基础上,控制或应该控制的客观条件作用于行为对象,使主体认识状态中的主观内容转化为客观现实的过程,这就是行为的客观方面。行为概念中的控制或应该控制的“客观条件”,主要有三种表现形式:一是行为人自身条件,包括行为人自身特殊的身份、地位等内容;二是行为人外部的自然条件,主要是指行为人利用犯罪工具、利用自然进程等实施犯罪行为;三是他人的行为,这种情况在共同犯罪中比较常见。研究行为人控制或应该控制的“客观条件”,对于确定犯罪行为的客观性质具有决定性的作用,对于解释不作为的行为性、狭义共犯的处罚依据、原因自由行为等具有重要意义。对于行为概念中的“过程”而言,大陆法系行为理论将行为归结为“身体动静”或“身体举动”,并不能涵盖所有刑法中的行为。行为是从预备阶段发展到危害结果的发生的一个过程,而不是一个个孤立的身体举动或运动。如果没有行为人意志以外的原因或行为人本人意志因素的改变,行为就会按照行为人的意愿转化为客观现实,按照行为人认识的行为性质发展,直至结果的发生。行为的实施过程,既是行为人主观要件转化为客观现实的过程,也是行为人的辨认能力和控制能力的实际运用过程,更是行为人控制或应该控制的客观条件作用于行为对象的过程。因而将行为归结为“过程”,即行为人控制或应该控制的客观条件,作用于具体的人或物的存在状态的过程。

第七章为“行为概念中的‘具体人或物的存在状态’”。行为是主体与客体相互作用的结果,主体运用自己的辨认能力和控制能力,作用于行为对象,通过影响和改变具体的人或物的存在状态,侵害或威胁客观事物所体现的社会关系。行为概念中的“具体人或物的存在状态”是对行为对象的概括,行为的实施是通过具体的人或物的存在状态的改变体现刑法所保护的社会关系是否受到侵害或威胁。可见,行为对象与刑法所保护的社会关系是形式与实质的关系。也可以认为行为客体在事实层面上表现为具体的人或物的存在状态;在价值层面上表现为刑法所保护的社会关系。传统的关于犯罪对象的观点值得商榷,因而提出笔者修正后的犯罪对象的若干特征:一是犯罪对象应当是“具体人或物的存在状态”,犯罪行为的实施是通过改变具体的人或物的存在状态来实现的,而具体的人或物只能是行为客体要件的物质载体,并不能体现为犯罪行为所侵害而为刑法所保护的社会关系;二是所有的犯罪都有犯罪对象,原因就在于犯罪行为是通过改变具体的人或物的存在状态而实现;三是犯罪对象并不一定必须具有合法性质;四是由于犯罪对象与刑法所保护的社会关系是形式与实质的关系,是犯罪客体的

"两个侧面",所以不能割裂开来。

第八章为"重构的行为概念对具体疑难问题的阐释"。首先是无认识过失犯罪的行为性问题。无认识过失也称为疏忽大意的过失,其行为性问题是传统的行为理论难题。对于过失犯罪而言,行为人对于自己行为的控制状态在过失犯罪中采取了较为曲折的形式。因为在过失犯罪中犯罪结果都是在行为人有某种认识错误的情况下发生的。无认识的过失犯罪行为是行为人应当认识到自己行为的性质、危害结果以及行为与危害结果之间的因果关系,但由于疏忽大意而没有认识到,从而无法控制危害结果的发生。追究疏忽大意的过失犯罪的主观根据也就在于行为人应该控制而没有控制,从而导致危害结果发生的心理状态。

其次是不作为的行为性问题。首先应当明确的是,不作为行为、不作为犯罪与不作为是应当区分清楚的三个概念。由于不作为并非没有绝对意义的身体举动、不作为的刑法规范也并非全部都是命令性规范,因而不作为犯罪的行为性问题难点也就在于此。所谓"不作为犯罪",并非行为人没有任何的身体举动,而是借助他人的行为、利用自然进程或非法律行为或利用先行行为等客观条件,作用于犯罪对象并导致危害结果发生的过程。行为人通过对客观条件的控制或应该控制,改变具体的人或物的存在状态,可能行为人并没有任何身体举动,但他通过对客观条件控制或应该控制,仍然导致危害结果的发生。不作为的行为性就在于此。在解释不作为犯罪的行为性问题时,行为人控制或应该控制的"客观条件"就成了关键因素。具体有以下几种表现形式:一是利用自然进程或非法律行为,造成严重的危害后果,构成犯罪的。此种情形下主体可能没有实施任何积极的身体动作,但导致某种自然进程的发生或非法律行为的实施;二是由先行行为导致的不作为犯罪。行为人虽然没有实施犯罪的实行行为,但由于行为人的先行行为而使刑法所保护的社会关系处于危险状态,行为人没有采取有效措施排除危险或防止危害结果的发生,因而构成犯罪。由此可见,不作为犯罪主要的表现形式都可以归结为行为人控制或应该控制的客观条件,作用于刑法所保护的人或物的存在状态的过程。这里的利用的"客观条件"既可以是自然进程或非法律行为,也可以是先行行为。

再次是正当行为的正当性根据问题。我国刑法传统的观点认为"正当行为在形式上符合犯罪构成而实质上又不具有社会危害性因而不是犯罪,不承担刑事责任"的说法是值得商榷的。正当行为形式上符合犯罪构成,就意味着成立犯罪;既然成立犯罪,必然具备社会危害性。而正当行为不仅不具备主观要件,在形式上也不符合犯罪构成的客观要件。犯罪行为的客观构成要件是行为人实施的对社会有危害性的行为,但正当行为的实施是为了保护国家利益、公共利益、自己和他人的合法权益，因而也不具备犯罪行为的客观要件。正当行为无论在形式上还是实质上都不符合犯罪的构成要件，因而不是犯罪行为，行为人也不应承担刑事责任。

最后是狭义共犯的处罚依据和共犯处罚原则问题。共同犯罪是各个共犯人在自己罪过心理的支配下，利用其他共同犯罪人的行为，来控制行为的性质，从而造成危害结果发生。狭义共犯人利用正犯的行为实现自己的犯罪意图，而不论狭义共犯人是否参与实行行为；同时正犯也是在教唆犯的教唆下产生犯意并进而实行犯罪的，或利用帮助犯创造的便利条件来实行犯罪的，因此对于狭义共犯的处罚依据就在于此。此外，对于共犯的处罚原则，应当按照“各共犯人在自己的主观罪过范围内，依照各自的行为进行处罚”的原则进行处理。间接正犯、片面共犯、同时犯、共同过失行为，甚至一方是故意，一方是过失的行为，也可以按照这个原则进行处理。

结论部分是全书的总结。对国内外刑法中行为概念的研究现状进行系统梳理，对刑法中的行为概念重新界定，论证刑法中行为概念的构成，继而尝试用重新定性的行为概念解决行为理论中的具体疑难问题。

引 论

一、问题的提出

犯罪是行为，刑法中的行为理论博大精深，其中诸多疑难问题尚未得到合理解释。例如无认识的过失行为问题，为什么行为人要对无认识的过失行为承担刑事责任，忘却犯的行为性如何体现；再如不作为的行为性问题，为什么行为人没有任何积极的身体举动却要承担刑事责任，亦如狭义共犯的刑事责任问题，为什么教唆犯、帮助犯本人没有亲身参与犯罪的实行行为，却要同样承担刑事责任；为什么要根据“部分行为承担整体责任”的处罚原则对狭义共犯进行处罚，既然共犯实施的是部分行为，为何要承担整体责任。这些看似简单的问题，其实蕴含着刑法理论尤其是行为理论研究的重要课题：无认识的过失行为问题、被誉为刑法理论研究王冠上宝石的“不作为犯罪的行为性问题”、狭义共犯的处罚依据以及共犯处罚原则问题。以上问题均与刑法中的行为有关，而解答这些问题的钥匙就是刑法中的行为概念。本书的研究起点就是刑法中的行为概念，对刑法中的行为概念重新定性，继而是对行为概念构成要素的分析，然后再尝试用重新定性的行为概念解决刑法中行为理论的疑难问题。

二、刑法中行为概念的研究现状

犯罪是行为，行为是犯罪成立的前提。行为在现代刑法中处于基础性的地位。马克思认为：“对于法律来说，除了我的行为以外，就是根本不存在的，我根本不是法律的对象。我的行为就是我同法律打交道的唯一领域，因为行为就是我为之要求生存权利、要求现实权利的唯一东西，而且因此我才受到现行法的支配。”[①] 本书所研究的刑法中的行为，就是作为犯罪成立前

① 《马克思恩格斯全集》第一卷，人民出版社 1995 年版，第 121 页。

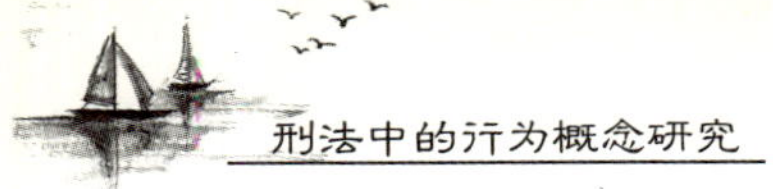

提的行为。

综观刑法学界行为理论的研究，以大陆法系行为理论最为成熟。因果行为论、目的行为论、社会行为论、人格行为论各具特色，并分别拥有各自的追随者。然而，因果行为论由于不能说明不作为的真谛而难以成为圆满的行为理论；目的行为论的难题在于无法解说过失行为的性质；社会行为论因为无法解释社会意义而难以对行为准确定性；人格行为论以抽象意义的“人格”来定性行为，使行为更加难以把握。综合起来，大陆法系国家刑法理论对刑法中行为概念的定性还存在如下问题：一是仅将“有意性”作为行为的前提，无法解释过失行为，特别是无认识过失行为的行为性问题。行为的有意性一直被认为是行为的必备要素，但仅仅将行为的“有意性”归结为“意识”或“意思”并不能解决无认识过失行为的行为性问题。二是仅以“身体动静”作为行为的客观界限，无法解释不作为行为。作为行为表现为积极的身体举动，但不作为行为绝非绝对的身体静止，甚至有些不作为行为还可能存在着积极的身体举动，因此以“身体动静”来区分作为行为与不作为行为并不合适。三是大陆法系国家刑法理论没有说明行为主客观方面的关系，不可能说明行为的性质。行为应当是主观与客观相互联系的紧密结合体，不可能脱离主观谈客观，也不可能脱离客观谈主观，否则无法认定行为的性质。由此可知，大陆法系行为理论对刑法中行为的定性仍然存在争议，目前还没有一种行为理论能准确定性刑法中的行为概念并为广大刑法学者接受从而成为权威的行为理论。

英美法系刑法理论中的行为概念带有明显的普通法系的烙印。概括起来，英国刑法中主要是犯罪行为（actus reus）的概念。犯罪行为包括除被告人主观要件以外的一切犯罪要件。① 因此，英国刑法中的犯罪行为不仅仅指行为，也有可能由“事实状态”组成，而根本就不含行为。而且犯罪行为经常要求证明作为和不作为的证据，通常必须证明犯罪行为产生特定的结果。② 可见，英国刑法中的犯罪行为并不总是由行为组成，有时候也包括行为的结果以及与行为发生有关的情节。美国刑法对犯罪行为所进行的解释，可以分为广义解释和狭义解释。从广义上说，犯罪行为是除“犯罪心态”以外的一切犯罪要件，也就是犯罪构成的客观要件，包括犯罪行为、犯罪结果和犯罪情节。③ 例如奸淫幼女罪中的“被害人的年龄”，强奸罪中的“违反被害人意志”等。对于犯罪行为的狭义解释是“有意识的行为”。美国刑法对犯罪

①② J. C. 史密斯、B. 霍根：《英国刑法》，马清升等译，法律出版社 2000 年版，第 37 页。

③ 储槐植、江溯：《美国刑法》，北京大学出版社 2012 年版，第 30 页。

行为采用的一般都是狭义的解释，美国《模范刑法典》即是如此。美国刑法中犯罪行为的构成要素是行为（act）和意识（voluntariness）。犯罪行为是施加刑罚的前提，没有行为，只有意图，不能作为犯罪加以惩罚，刑罚应以行为为前提。而且，有意识的行为才能成为刑罚的对象，惩罚无意识的行为是没有意义的，也是不人道的。自动状态、催眠状态、梦游状态、癫痫发作中的身体动作，都不是“有意识”的行为。而且这里的“有意识”表示对自己的行为能够控制，因而在外来不可抗拒力量推动下或者作为精神疾病产物的身体动作也不是“有意识”的行为。无意识的行为不是犯罪行为。有意识还是无意识，是犯罪“行为”中的问题，而不是犯罪“心态”中的问题。因此，由于英美法系较少采用成文法形式而不可能要求英美刑法中出现一个经过准确定义的行为概念。

我国刑法理论对于刑法中行为的定性也众说纷纭，意见不统一。界定刑法中行为的含义，既要从实证的角度考察有关立法内容，也要注重理论研究的目的及其重心。传统刑法理论认为，危害行为是一个非常重要的概念。[①] 危害行为是指行为人意志自由所支配的、客观上违反刑法禁止规范或命令规范的身体动静。[②] 危害行为是整个犯罪构成的核心。任何种类、任何形态犯罪的犯罪构成中，均有危害行为这一要素。[③]

笔者认为我国刑法理论中现有的“危害行为”概念值得商榷：“危害行为”[④]按其本来含义应当属于犯罪行为的上位概念，而我国刑法理论将其作为“犯罪构成客观方面要素”[⑤]进行讨论，导致作为犯罪行为客观方面的要素的“危害行为”与犯罪行为的上位概念“危害行为”相等同的尴尬局面。我国现有的刑法理论对于危害行为的定性并不准确，从而引发了笔者的一系列追问：第一，危害行为客观方面概括为“身体动静”，如何解决行为理论中的最大难题——不作为行为的行为性问题；第二，危害行为主观方面概括为“意志支配”，能否涵盖所有刑法评价的行为；第三，行为的有害性特征能否发挥刑法作为界限要素的机能；第四，现有行为概念能否解决身份犯、持有

---

① 高铭暄、马克昌：《刑法学》，北京大学出版社、高等教育出版社 2014 年版，第 63 页。

② 高铭暄：《刑法专论》，高等教育出版社 2006 年版，第 160 页。

③ 同①，第 71 页。

④ 危害行为，顾名思义，应当是具有社会危害性的行为。民事违法行为、行政违法行为等凡是有危害性的行为均可纳入，其外延显然大于犯罪行为。

⑤ 我国刑法理论也承认，“危害行为虽然只是犯罪构成客观要件的内容之一，但却是整个犯罪构成的核心”。（参见高铭暄、马克昌：《刑法学》，北京大学出版社、高等教育出版社 2014 年版，第 71 页。）

犯的行为性问题。

不得不承认的是，目前尚没有一种权威的行为概念能将现有刑法中的行为类型涵盖其中，目前尚没有一种行为概念能较为圆满地解释上述诸如无认识过失行为的行为性问题、不作为行为的行为性问题、狭义共犯人的处罚根据等看似简单的问题。如何对刑法中的行为概念进行重新诠释，是各国刑法学界都值得思索的难题。

三、本书拟解决的问题

刑法中的行为，并非仅仅是一个孤立的概念，而是有着丰富内涵和不同层次内容的重大研究课题。刑法中的行为，是作为犯罪成立前提的行为，是构成要件符合性判断之前的行为。如何对刑法中的行为进行准确定性就成了一个不容回避的问题，大陆法系行为理论争议的焦点也在于此。然而，现有行为理论中的行为概念要么认为行为是在主观意志支配下的身体动静，将行为归纳为身体动静，无法将不作为与忘却犯等涵盖到行为中去；要么是将行为定性地归于抽象而导致对行为的无法把握。而一旦无法对行为概念进行准确定性，随之建立的犯罪论体系也就不可避免地出现一系列难以解决的问题。基于此，笔者以“刑法中的行为概念”作为本书的选题进行研究。

（一）明晰刑法中的行为与其他近似概念的界限

研究刑法中的行为，首先应当明确区分与刑法中的行为密切相关的几个概念：犯罪行为、犯罪构成客观方面的“行为”、刑法评价的行为等。具体而言，犯罪行为是符合我国刑法所规定的犯罪构成的行为；犯罪构成客观方面的“行为”，是犯罪行为客观方面要考察的要素，其实质为犯罪行为的客观性质，不能作为独立的行为而存在。但刑法评价的并不一定都是行为，还包括与犯罪行为客观性质类似的非行为事实，例如意外事件、精神病人在完全丧失辨认和控制能力下实施的“行为”等。

（二）重构刑法中的行为概念

所谓刑法中的行为，是指行为人控制或应该控制的客观条件，作用于具体的人或物的存在状态的过程。行为的实施，既是行为人主观意志转化为客观现实的过程，也是行为主体的辨认能力和控制能力的实际运用过程，更是行为人利用客观条件作用于行为对象的过程，也是行为主体与客体相互作用的过程。这与我国刑法理论中的犯罪构成理论并不矛盾。行为的构成也体现为行为的主体、主观方面、客体、客观方面四个内容。具体而言，首先，行为主体方面，行为应当是人的行为。行为主体的辨认能力和控制能力是决定行为性质的前提和基础。行为主体通过对自己辨认能力和控制能力的运用，来改变具体的行为对象的存在状态，从而决定行为的性质。其次，

行为的主观方面是主体在其行为过程中,将主体的辨认能力和控制能力具体化为有一定内容的心理状况,并在这种心理状况支配下控制自己行为性质的过程。因此,行为是主体特定心理状态在客观世界的展开,是主观要件的现实化。再次,行为的客观方面,表现为主体在认识自己行为性质的基础上,控制或应该控制的客观条件作用于行为对象,使主体认识状态中的主观内容转化为客观现实的过程。行为概念中的“具体人或物的存在状态”是对行为对象的概括,行为的实施是通过具体人或物的存在状态的改变,体现刑法所保护的社会关系是否受到侵害或威胁。最后,行为的客体方面,体现为行为是主体与客体相互作用的结果,是主体运用自己的辨认能力和控制能力,作用于行为对象,通过改变或影响具体的人或物的存在状态,侵害或威胁客观事物所体现的社会关系。

(三)重构的行为概念对行为理论疑难问题的阐释

重构的刑法中的行为概念,应当能够解决现有行为概念所面临的一系列难题,为实践所检验,才能真正具有说服力。

首先是无认识过失犯罪的行为性问题。犯罪行为是刑法的主要研究对象,也是刑法中行为的最主要表现形式。行为人的心理态度,是静态的纯主观的行为人对危害结果的心理态度,还是有一定控制对象和控制内容的、动态的、能动的心理活动?对于过失犯罪而言,尤其是无认识的过失犯罪行为,其行为性是如何体现的?既然行为人对危害结果的发生是无认识的,为何要追究行为人的刑事责任?重构的行为概念对此问题必须做出合理解释才能为人们所信服。

其次是不作为犯罪的行为性问题。曾有学者发出这样的感叹:“不作为犯罪的行为性问题就像幽灵一样,缠绕刑法学者达一两个世纪之久。”① “不作为是行为”,既是法律格言,也是刑法学界公认的事实,但对不作为犯罪的行为性应当怎样论证却是刑法理论中的一大难题。甚至可以这样认为,如果重新定性的行为概念能够解释清楚不作为犯罪的行为性问题,就意味着该行为概念成功了一半。因此,不作为犯罪的行为性问题应当是重构后的行为概念重点解决的问题。

再次是正当行为的正当性根据问题。传统的观点认为,“正当行为在形式上符合某些犯罪的客观要件,但实质上既不具有社会危害性,也不具备刑事违法性,因而不是犯罪”,② 不承担刑事责任,这种说法是否存在着矛盾

---

① 黎宏:《不作为犯研究》,武汉大学出版社 2003 年版,第 1 页。

② 高铭暄、马克昌:《刑法学》,北京大学出版社、高等教育出版社 2014 年版,第 126 页。

呢？既然正当行为具有正当性，为何惩罚措施最为严厉的刑法要将正当行为纳入刑法评价的范畴？申言之，刑法评价范畴的准入规则是怎样的呢？

最后是共同犯罪中的疑难问题，即狭义共犯的处罚依据和共犯处罚原则问题。狭义共犯没有参与犯罪的实行行为，为何成立犯罪？追究其刑事责任的根据应当如何找寻？对于共犯人的责任承担问题，为什么对于共犯要根据“部分行为承担整体责任”的处罚原则进行处罚？问题的根源还是在于传统的行为概念对于间接正犯及片面共犯的行为性难以做出解释，只好借用正犯及共犯理论加以解决，却回避了对其本身行为性问题的解决。

可见，以上一系列疑难问题的解决无不与刑法中行为概念密切相关。刑法中行为的概念所要解决的问题在犯罪论中占据很大比重，鉴于行为在刑法中基础性地位，对行为概念的重新定性更要慎之又慎。而如何对刑法中行为的不同层次内容进行科学分类并准确定性更是一个难之又难的问题。重构的行为概念只有对以上问题都做出合理解释，才可以在刑法理论中找到一席之地。这也正是本书必须正面回答并且重点研究的问题。

第一章

两大法系刑法理论中的行为概念

第一节　大陆法系刑法理论中的行为概念

大陆法系行为理论研究的行为，是在构成要件符合性判断之前的行为，是作为犯罪成立前提的行为，这是在理论上必须明确的前提。只有在对行为进行构成要件的符合性、违法性及有责性的判断之后，才能确定该行为是否为犯罪行为。正是基于不同的立场对行为进行分别定性，才衍生出大陆法系具有代表性的四大行为理论：因果行为论、目的行为论、社会行为论、人格行为论。

一、因果行为论及其评析

因果行为论，又可以称为自然行为论，主张行为是基于意思的身体动静。① 因果行为论是19世纪刑法学的主流。用因果关系来解释行为的理论，最突出的是“身体动作说”和“有意行为说”。

(一)身体动作说及其评析

身体动作说把行为理解为纯肉体的外部动作，这种外部动作包括身体的“动”与身体的“静”。至于这种动作是否由意识支配、支配动作的意识内容如何，并不是行为要解决的问题，而是责任要解决的问题。换言之，动作是否具有社会意义，不是构成要件的符合性、违法性所要解决的问题，因而没有必要在行为概念中予以限定。而且，对犯罪是否成立的判断，首先应尽量从客观的、事实的要素出发，然后进行主观的评价，所以在行为概念中纳入主观要素是不妥当的。②

---

① 大谷实：《刑法总论》，黎宏译，法律出版社2003年版，第75页。

② 转引自张明楷：《外国刑法纲要》，清华大学出版社2012年版，第61-62页。

身体动作说并不是圆满的行为理论，受到了批判：首先，依照身体动作说的观点，身体反射动作、人在睡眠中的举动、幼童的动作等都是行为，但将其纳入刑法评价的范畴，显然是没有意义的；其次，行为应当是主观与客观有机结合的紧密整体，将行为理解为纯肉体的外部动作而排除主观方面是不符合行为本身的特点的。

（二）有意行为说及其评析

有意行为说是德国、日本19世纪以来的占多数地位之说。有意行为说认为，行为是行为人在意识支配下表现于外的因果现象。意识是身体动作的原因，而身体动作又是引起外界结果的原因。意识、身体动作、结果这一因果系列的必然发展过程，就是行为。[①] 由此可见，有意行为说认为行为应当有两个要素：一是有意性或意识性；二是有体性或有形性。

有意行为说将主观因素纳入行为概念中，较之身体动作说有所进步。然而，有意行为说仍然受到了批判：首先，行为的有意性应当如何准确定性是个难题；其次，有意性虽然是行为的特征，但意识的内容是责任方面的问题，这样就使意识与意识的内容相分离，使行为概念中的“意识”成了毫无内容的概念；再次，有意行为说还碰到了“不作为”[②] 这一难题。按照有意行为说的观点，意识表现为身体的“动”与“静”，“动”是作为，“静”是不作为，并将“静”包括在行为概念中。但即使是持有意行为说的学者，也对此表示怀疑，甚至还有学者[③]因此而把不作为排除在行为之外，这显然是不正确的。

（三）因果行为论的总体评析

整体来看因果行为论，作为其代表性的观点，李斯特（Liszt）认为：“所谓行为，是对外界的有意的举动。更正确地说，是由有意的举动使外界变更，即（作为结果）引起变更或者没有妨碍变更。”[④] 李斯特主张可以将行为把握

---

① 转引自张明楷：《外国刑法纲要》，清华大学出版社2012年版，第62页。

② 需要做出说明的是，这里的不作为指的是不作为行为，本书中所谈到的不作为，一般指的是不作为行为，不再赘述。不作为行为、不作为犯罪与犯罪的不作为是不同的三个概念。不作为行为的含义最为广泛，既包括不作为犯罪，也包括以不作为形式实施的非犯罪行为。而犯罪的不作为是犯罪行为客观方面的行为表现形式，我国传统的刑法理论将危害行为分为作为与不作为两种表现形式，但由于只是犯罪行为客观方面的要素，因此犯罪的不作为不是真正意义的行为。

③ 如Radbruch认为，行为概念的标志是意识与行动二者之间的因果关系，根据这一标志来看作为的时候，不存在什么问题，但对于不作为来说，则存在问题，因为不作为缺乏这种标志。于是Radbruch就不赞成把不作为包括在行为概念中。（转引自张明楷：《外国刑法纲要》，清华大学出版社2012年版，第62-63页。）

④ 大塚仁：《刑法概说·总论》，冯军译，中国人民大学出版社2003年版，第96页。

为人的客观的身体活动和由此而产生的外界变动的自然的、物理的过程，因此，称为因果行为论。

按照这个概念，行为由以下两个因素组成：一是意思这种内心要素（有意性）；二是物理上能够感知的身体动静这种外部要素（有体性）。根据因果行为论，反射运动、睡眠中的身体动作、无意识的动作等，并不具备有意性的特点，因此不能认为是具有刑法意义的行为。同理，思想和人格不具有有体性，所以也不能作为刑法的评价对象。在此意义上，因果行为论是一种极为明快的理论。

然而，因果行为论不能被认为是圆满的行为理论。

首先，因果行为论无法将不作为涵盖到行为的范畴中。行为应当包含作为和不作为，同时也应当考虑故意和过失的行为。按照因果行为论的观点，行为应当具有"有意性"和"有体性"的特点，解释作为自然没有问题。但对于不作为而言，不作为缺乏"有体性"的特征，很难将其解释为物理上能够感知的身体动静。因此，贯彻因果行为论，势将不作为排除于行为之外，也不能将作为犯、不作为犯、故意犯和过失犯都作为行为统一到行为的概念中来，更不能发挥行为作为犯罪的界限要素的机能。

其次，因果行为论没有把握住构成犯罪行为中心内容的有企图行为的本质。因果行为论将行为理解为外部的因果事实现象，把意识的内容从意识中抽出去，不能正确把握行为的存在与构造。因果行为论认为，只要具有和某种意思之间有因果关系的身体活动或外界变动，就可以说具有行为。虽然"有意性"的特点可以将人的行为与单纯的自然现象区分开来，但行为所表现的特有的人性成分，并不是基于意志的因果性上，因为自然力也有因果形成过程的"目的性"。对此，唯有人具备该能力。①

再次，因果行为论把因果性作为行为的要素，则因果的行为概念会导致因果关系无止境的循环往复，至少从理论上是这样的。为了克服这个弊端，人们试图引进"人的态度"的概念来完善该论点，但实际上效果甚微。

最后，因果行为论将行为理解为一系列毫无联系的"举动"，因而无法解释行为的统一性。② 例如盗窃罪中窃取他人财产的行为表现为不可胜数的行为人的肌肉活动。那么，是什么将这些行为连接为统一的整体呢？又因为什么将其视为刑法评价的对象呢？因果行为论无法做出合理解释。基于

---

① 汉斯·海因里希·耶赛克、托马斯·魏根特：《德国刑法教科书·总论》，徐久生译，中国法制出版社 2001 年版，第 269-270 页。

② 杜里奥·帕多瓦尼：《意大利刑法学原理》，陈忠林译，中国人民大学出版社 2004 年版，第 102 页。

因果行为论的上述缺陷,20 世纪 30 年代在德国开始兴起一种以目的论为哲学基础的行为理论。

二、目的行为论及其评析

(一)目的行为论

目的行为论认为,行为是受目的支配的身体运动。① 此说由德国刑法学者提倡,“二战”后受到德国、日本刑法学者的支持。此说的代表者威尔兹尔(Welzel)认为,刑法学上的行为是“受目的确立的意思所支配的实在意义的统一体”。② 目的行为论中的“目的性”是以人的能力为基础的,该能力是在一定程度上预见其因果行为的后果,并使用手段有计划地操纵向既定目标前进的过程。其可以分为三个阶段:首先思想上有目标,其次要选择实现目标所必需的行为方法,最后在现实世界里实现行为意志。

(二)目的行为论评析

目的行为论的合理之处在于将“目的性”作为构成行为的核心要素。人的行为是实现一定目的的一种活动,而不是单纯的因果事物现象。行为的“目的性”表现在,人以因果关系的认识为基础,在一定范围内预见自己的活动可能产生一定的结果,于是行为人设立各种各样的目的,选择达到目的的手段,朝着这些目的有计划地进行活动。换言之,人的行为是因果关系的整个过程,而且是目的活动的整个过程。正是由于人能够实施有目的的行为,故可以用刑罚方法禁止或命令认定人的目的活动。基于此,目的行为论认为“目的性”是构成行为的核心要素。

以“目的性”来解释故意行为,是没有问题的。故意是实现行为人预定的内容的意思,具有所谓的“目的性”。但目的行为论同样存在难以解决的难题:

第一,目的行为论无法解释过失行为。如何理解过失行为具有“目的性”? 大多数目的行为论者认为过失行为也具有“目的性”,也是行为。威尔兹尔就认为,故意行为是指向构成要件性结果的目的行为,过失行为则具有指向构成要件性结果以外的“目的性”。虽然过失行为具有指向法律上不重要的结果的“目的性”,但是它仍然是目的行为。③ 然而这种解释本身就存在

---

① 大谷实:《刑法总论》,黎宏译,法律出版社 2003 年版,第 75 页。

② 转引自赵秉志:《外国刑法原理　大陆法系》,中国人民大学出版社 2000 年版,第 83 页。

③ 同②,第 83-84 页。

问题。过失行为最主要的特征就是结果的发生与行为人的意志相违背。如果认为过失行为具有“目的性”,与故意行为就难以区分。为了解释这个问题,威尔兹尔认为过失行为具有指向法律上不重要的结果的“目的性”,因而它仍然是目的行为。但这种解释很让人费解,既然过失行为指向的“目的性”是构成要件以外的结果,如何能够决定过失行为本身成立犯罪?仅仅为了解释过失行为的“目的性”就把一些无关紧要的要素硬拉进来,在理论上并无太大的价值。

第二,目的行为论对于不作为犯罪的行为性问题的解释也不尽如人意。不作为犯罪是行为人没有履行某种刑法上要求的义务因而构成犯罪,恰恰缺乏目的行为论所要求的行为应当具有的现实的“目的性”。

可见,目的行为论对于过失行为的解释显失完备,而且由于目的行为论注重行为的存在论意义,不能将不作为犯罪涵盖到刑法的行为范畴中。因此,目的行为论有待进一步的研究修正。

三、社会行为论及其评析

由于因果行为论不能说明不作为的真谛,目的行为论难以解说过失行为的性质,有学者提出社会行为论。社会行为论由德国学者施密特(E. Schmidt)首倡,得到恩利西(English)、麦耶(Mayer)等刑法学者的赞同而确立。社会行为论认为,行为是具有社会意义的人的身体动静。①

社会行为论是从社会意义的角度来界定行为,意图把握行为在存在论上的意义。学术界有两种观点来诠释社会行为论:第一种观点认为行为是“某种具有社会意义的人的态度”;② 第二种观点将行为看作可以受意思支配的、具有某种社会意义的运动和静止。③ 第一种观点认为行为是具有社会意义的人的态度,将意思要素从行为概念中加以排除,这样会过分扩大刑法中行为的范围,将无意识的行为、睡梦中的行为等也作为刑法评价的对象,无法体现行为作为界限要素的机能。对于第二种观点,将行为看作“可以受意思支配的、具有某种社会意义的运动和静止”,该观点由于加入“有意性”的要素,将行为限定为具有刑法意义的客观事实,把无意识的行为、睡梦中的行为从行为中排除,也可以把身体的反射运动、绝对强制下的动作从刑法的评价对象中排除,更好地体现了刑法作为界限要素的机能。

按照社会行为论的观点,凡人类举动,无论是故意还是过失,是作为还是不作为,只要具有社会意义均可视为刑法中的行为。例如德国学者 E. Schmidt 就认为,“所谓行为是指向社会性外界的有意的活动,严密地说,由

①②③ 大谷实:《刑法总论》,黎宏译,法律出版社 2003 年版,第 76 页。

有意的活动引起的社会性外界的变更，无论引起这种变更的是作为还是不作为”。[①] 社会行为论把行为理解为与价值相关的概念，可以把行为统合到行为概念之中。然而对于过失行为尤其是忘却犯，社会行为论却难以做出合理解释。[②] 于是，Jescheck 等人提出了“意识支配可能性”的概念，认为“意识支配可能性”是行为概念的内容。[③] 行为是意识支配或可能支配的人的活动。这里的行动可能是实施达到目的的活动，可能是造成侵害结果的原因，可能是对于法规范所期待的行为的不作为。凡是人的行为，不问作为与不作为、不问故意与过失，只要足以惹起侵害结果，就是刑法上的行为。由此，社会行为论引入意识支配可能性的概念，似乎可以把作为与不作为、故意或过失行为都纳入行为的概念中。社会行为论立意较为全面，着重于行为的社会价值，以社会评价的眼光看行为，取因果行为论与目的行为论之长，较好地反映了行为的功能与效应，可以说明各种行为形态，因而为现代西方国家多数学者所赞同，目前在德国处于通说地位。

社会行为论不能被认为就是完美无缺的行为理论。首先，对于何为“社会意义”，学者有不同的观点，这也成为社会行为论受到质疑之处。日本学者团藤重光教授就认为，所谓“社会”这一价值要素本来是不法要素，将其作为评价对象置于行为之中，则是过多的要求。德国学者考夫曼（Arthur Kaufmann）也认为，人的行为存在于精神的世界，但同时也是有体的、心理世界中的事情。完全无视行为的因果性，对行为的概念进行规定是不可能的。因此，社会行为论在其片面性上难以支持。[④] 其次，社会行为论引入意识支配可能性的概念，似乎可以把作为与不作为、故意或过失行为都纳入行为的概念中。但是，意识支配可能性的范围如何确定，意识支配可能性有无时间限制等，这些都是难题。

四、人格行为论及其评析

人格行为论是日本刑法学者团藤重光于 1957 年创立的行为理论，是其在刑法学上的最大贡献。在日本得到大塚仁等教授的支持，在德国得到阿特富·考夫曼的发展与完善。

团藤重光的人格行为论主张：刑法上的行为是行为人人格的主体性现

---

① 转引自赵秉志：《外国刑法原理　大陆法系》，中国人民大学出版社 2000 年版，第 82 页。

② 忘却犯指的是疏忽大意过失的不作为犯，按照社会行为论的观点由于忘却犯缺乏有意性，因而将其排除在行为之外。

③ 张明楷：《外国刑法纲要》，清华大学出版社 2012 年版，第 63 页。

④ 韩忠谟：《刑法原理》，中国政法大学出版社 2002 年版，第 112 页。

实化的身体动静。"单纯的反射运动和受到绝对强制的动作从一开始就不相当于刑法中的行为。不过,主体的人格态度,也不一定仅仅表现为'作为'一种形式,表现为'不作为'这一形式也是可以的。另外,这种人格态度也不仅仅限于故意,轻视规范的人格态度,即过失,也是一种行为。重要的是,人的身体动静,要与其背后的作为人的主体性的人格态度相结合,把它看作人格的主体性的现实化,也只有在这样的场合,才能将它解释为行为。行为是作为行为者人格的主体性现实化的活生生的活动,它具有生物学的基础和社会学的基础。"① 按照人格行为论的观点,行为是行为者人格的主体现实化的身体动静,是在人格与环境相互作用下形成的,具有生物学和社会学的基础。该理论着眼于行为者人性的存在,考虑到其人格的深层意义来规定行为,且可以把作为与不作为,基于故意和过失的身体动静都囊括在行为概念中,这是其较之因果行为论、目的行为论、社会行为论等行为理论的进步之处。

日本刑法学者大塚仁也赞同人格行为论的观点,并提出了几点补充:首先,作为犯罪概念基底的行为,因为是刑法评价的对象,应该是事实性行为,不能是已经经过某种刑法评价的规范性行为。社会行为论提出行为的社会重要性,带有规范行为论的色彩,这是很难令人赞同的。而从自然的、物理的意义来把握行为的因果行为论和强调行为的存在论意义的目的行为论,在属于事实的行为论方面是妥当的。其次,人格行为论把行为作为刑法评价的对象,不仅要受到构成要件符合性的判断、违法性的判断,而且也要受到最终的责任判断,这是立足于行为论的学说史发展方向所体现的适当理论方向。因而只重视身体的动静这种行为的客观方面,把有意性这种主观面只作为责任论的问题对待的因果行为论和社会行为论是缺乏妥当性的。而把"目的性意思活动"视为行为的目的行为论,考虑到行为人的主体性行为,其着眼点是正确的。但考虑到具有主体性的行为人的行为这种立场的人格行为论则代表了行为学说正确的发展方向。再次,大塚仁教授还主张将作为行为主观面的标志,由因果行为论和社会行为论中使用的"有意性"一词,改变为行为人主体的展开的心理状态。② 最后,大塚仁教授在关于作为行为客观面的身体动静方面,提出在事实性认识的可能范围内,附加"社

---

① 马克昌:《近代西方刑法学说史略》,中国人民公安大学出版社 2008 年版,第 516-517 页。

② 大塚仁教授在这里举了一个例子,在半睡半醒的状态下,中途无意识地勒他人的脖子杀死他人的,不存在刑法对象的行为。但是,这种情况尚不能说就不存在行为。转引自大塚仁:《刑法概说·总论》,冯军译,中国人民大学出版社 2003 年版,第 101 页。

会上有意义”这种限制。[1] 笔者认为，大塚仁教授的观点是赞同人格行为论的，其提出刑法评价的对象，应该是事实性行为，而不是已经经过某种刑法评价的规范行为性行为，这一点笔者也是赞同的。但他又主张在行为的客观面附加“社会上有意义”，反而是其人格行为论的立场不坚定的表现。“社会上有意义”显然是社会行为论的观点，与人格行为论中的“行为人人格的主体性现实化”如何协调，这本身就是一个难题。

人格行为论也存在某些不尽如人意的地方：其一，人格行为论是在人格责任论的基础上建立起来的，“人格的主体性现实化”，本身就是一个抽象的难以把握的概念，而且极易与有责性混同，认定行为使人产生一种责任判断的误解。其二，人格行为论未提出判断人格的客观条件及外在标准，使行为的判断成为一个纯主观的过程而失之片面。其三，根据团藤重光的人格行为论，精神病人的行动和幼儿的行动不能反映行为人的人格，因而被排除在刑法中行为的范畴之外。但上述活动在司法实践中仍是刑法保安处分的对象，应当属于刑法评价的范畴。其四，人格行为论将行为看成一种单纯的人格表现过程，将其作为法律以及构成要件评价前的一种无色的事实，而忽略了行为的法规范性。由此可见，人格行为论也不是一种完美的行为理论。

五、总体评价

如前所述，大陆法系行为理论研究的行为，是在构成要件符合性判断之前的行为，是作为犯罪成立前提的行为。只有在对行为进行构成要件的符合性、违法性以及有责性的判断之后，才能确定该行为是否为犯罪行为。因果行为论、社会行为论、目的行为论、人格行为论四大行为理论各具特色，但终究也存在着各自难以解决的问题：因果行为论由于不能说明不作为的真谛而难以成为圆满的行为理论；社会行为论因无法解释社会意义而难以对行为准确定性；目的行为论的难题在于无法解说过失行为的性质；人格行为论以抽象意义的人格来定性行为，使行为更加难以把握。

综合起来进行评价，大陆法系四大行为理论对行为的定性还存在如下问题：一是仅将“有意性”作为行为的前提，无法将过失行为特别是无认识的过失行为纳入刑法评价的范畴。行为的“有意性”一直被认为是行为的必备要素，但仅仅将行为的“有意性”归结为意识或意思并不能解决无认识过失行为的行为性问题。二是仅以“身体动静”作为行为的客观界限，无法解释不作为行为。作为表现为积极的身体举动，但不作为并非绝对的身体静止，

---

① 大塚仁：《刑法概说 · 总论》，冯军译，中国人民大学出版社 2003 年版，第101 页。

甚至有些不作为犯罪还可能存在着积极的身体举动，因此，用身体动静来解释作为与不作为并不合适。三是没有说明行为主客观方面的关系。行为应当是主观与客观相互联系的紧密结合体，不可能脱离主观谈客观，也不可能脱离客观谈主观，否则无法认定行为的性质。行为的实施，既是行为主体主观意志转化为客观现实的过程，也是行为主体利用客观条件作用于行为对象的过程，更是行为主体的辨认能力和控制能力的实际运用过程。

论述至此，不得不承认的是，大陆法系国家刑法理论关于行为定性的观点虽然百家争鸣，但目前尚没有一种权威的行为理论能将现有刑法中的行为类型涵盖其中，对于刑法中行为的诸多难题，如不作为犯罪的行为性、过失行为尤其是忘却犯的行为性问题以及狭义共犯人的处罚依据等问题都难以做出合理而全面的解释。因此，对刑法中的行为概念进行重新诠释也就势所难免。

第二节　英美法系刑法理论中的行为概念

由于英美法系国家较少采用成文法的形式，因此不可能要求英美刑法中出现一个经过准确定义的行为概念，这与英美法系国家刑法的特点是密切相关的。出于理论体系的完备以及借鉴意义，笔者单列一节对英美刑法中的行为概念进行阐述，并介绍美国学者胡萨克提出的与行为概念密切相关的“控制原则”。

一、英国刑法理论中的行为概念

在英国刑法中，一个人不能被认定有罪，除非公诉方能排除合理怀疑的证明以下两个方面的内容：一是他导致了某一事件或某一被法律禁止的事态的存在而归责于他；二是他有与产生某一事件或事态相关的确定的心理状态。这些事件或事态被称为犯罪行为（actus reus），这种心理状态则被称为犯意（mens rea）。犯罪行为是包括除被告人主观因素以外的一切犯罪要件。[①] 由此可见，英国刑法中的犯罪行为不仅仅包括行为，也有可能由“事实状态”组成，而根本就不含行为。而且犯罪行为经常要求有“作为”和“不作为”的证据，通常必须证明犯罪行为产生特定的结果。[②] 可见，英国刑法中的犯罪行为并不总是由行为组成，有时候也包括行为的结果以及与行为发生

① J. C. 史密斯、B. 霍根：《英国刑法》，马清升等译，法律出版社 2000 年版，第 35－37 页。

② 同①，第 37 页。

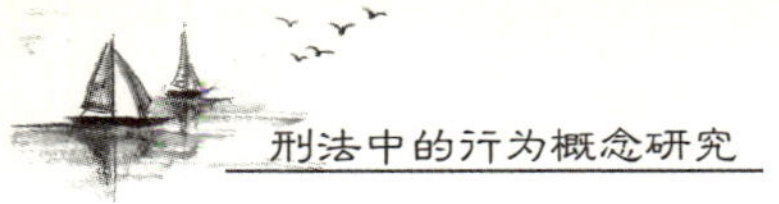

有关的情节。

英国刑法要求犯罪行为必须被证实。没有犯罪行为时也有可能存在“犯意”,但是如果特定犯罪的行为不存在或没有发生,犯罪也就没有被实施。英国刑法中规定有辩护事由:正当理由和可得宽恕。当该事由能使行为正当时,行为人是否知道事由存在并不重要;但当事由仅仅是行为的宽恕事由时,只有行为人认识到该事由时才可以免去责任。J. C. 史密斯和 B. 霍根在其所著的《英国刑法》一书中对行为进行了分解,认为行为可以分解成以下几个部分:犯罪核心特征的行为、结果和相关的重要情节。

在英国刑法中,有的犯罪尽管没有上述意义上的“行为”也可以成立。没有必要存在“有意志的肌肉运动”,只要证明存在着特定的“事态”即可成立犯罪。例如,根据英国《1988 年道路交通法》第四条第二款的规定,任何人由于饮酒或药物而不适宜开车,在道路上或其他公共场所驾车,即构成犯罪。开车时不清醒,就不能开车,但是构成犯罪的仅仅是开车状态或不适应开车的状态,而不是开车或不适应开车这种行为本身。只要这种事态持续,犯罪行为也就持续,因为他也许仍在“开车”。当一个人不在住所时,他持有供夜盗等犯罪使用或与这些犯罪有关的物品时,即构成犯罪。只要持有这些物品,他的犯罪行为就在持续。当然,这些例子中,被告人几乎总是实施开车、饮酒、持有特定物品等行为,但这些行为本身不是犯罪行为的一部分。英国刑法中的“持有”不是“肌肉运动”意义上的行为,因为只要故意将物品放在家中,即可视为持有。起初是合法的持有,也可能因为情况变化而变成犯罪,但被告人没有实施任何行为,只是没有在合理的时间放弃持有。英国刑法中的“持有”仅仅是一种“事态”,在某种情况下与刑事责任有关。

笔者认为,英国刑法中的犯罪行为不仅仅指行为,即作为行为和不作为行为,还包括事实状态。由于英美法系自身的特点,不可能要求英国刑法中出现一个经过准确定义的行为概念。正如 J. C. 史密斯与 B. 霍根在其所著的《英国刑法》中所说,“若是普通法中的犯罪,在法院的判决中找犯罪的定义;若是成文法中的犯罪,我们则在被法院解释过了的法条中找犯罪的定义。”①

二、美国刑法理论中的行为概念

犯罪行为的拉丁文为“actus reus”,意思是“罪恶的行为”。从广义上说,“actus reus”是除犯罪心态以外的一切犯罪要件,也就是犯罪构成的客观要

---

① J. C. 史密斯、B. 霍根:《英国刑法》,马清升等译,法律出版社 2000 年版,第 39 页。

件,包括犯罪行为、犯罪结果和犯罪情节。[①] 例如奸淫幼女罪中"被害人的年龄",强奸罪中的"违反被害人意志"等。美国《模范刑法典》采取的是狭义解释,"actus reus"是"有意识的行为"。美国刑法中的行为概念一般采纳的都是狭义的解释。

美国刑法中的犯罪行为的构成要素是行为(act)和意识(voluntariness)。犯罪行为是施加刑罚的前提,没有行为,只有意图,不能将意图作为犯罪加以惩罚,刑罚应以行为为前提。而且,只有有意识的行为才能成为刑罚的对象,惩罚无意识的行为是没有意义的,也是不人道的。

美国刑法认为行为有三种表现形式:作为、不作为和持有。"作为"即积极的身体动作,是大多数犯罪行为的形式。"不作为"即消极的身体无动作。构成犯罪行为的"不作为",总是和一定的义务联系在一起。美国刑法中不作为义务的来源主要是法律规定和职务要求。而"持有"即对财物的实际控制。美国刑法中有些犯罪既没有明确要求积极的作为,也没有明确规定消极的不作为,只要求"持有"某些物品即构成犯罪,例如持有毒品罪、持有赃物罪等。

美国《模范刑法典》是这样规定"持有"的:"如果持有人有意识地获得或接受了该持有物,或者在能够终止其持有的充分时间内知道自己控制着该物,则此种持有即为一种行为"。[②] 美国刑法认为,对物品的控制状态,通常起始于作为,如取得、收受等,以不作为(无动作之意)维护其存在状态,具有作为与不作为交融的特点。但"持有"本身是一种状态,没有积极动作,区别于作为;因刑法上的不作为以不履行法定义务为前提,而"持有"未必以此为前提,因此"持有"也有异于不作为。在这一意义上,"持有"是与作为和不作为并列的一种犯罪行为形式。此外,"持有"被视为另一种犯罪形式的依据,还在于行为素质即行为犯罪性的特点。"作为"的犯罪性明显地蕴含在主体自身的动作中,"不作为"的犯罪性取决于主体与法律要求之间的义务关系。"持有"的犯罪性在于犯罪主体对非法财物(如毒品、凶器、不义之财、色情物品、犯罪工具等)的支配状态。对象的性质决定了对主体行为的评价。不同犯罪行为形式与罪名构成的关系也不同。"作为"和"不作为"这两个术语本身均不是罪名的组成因素,它们在犯罪构成中出现的数量是不确定的。"持有"本身是罪名的组成部分,它的犯罪构成数是法律明确规定的。持有行为形式的法制价值在于,在一些多发性和危害大的犯罪现象中,有的案件难以用传统罪名治罪,持有型罪名便成为最佳选择。例如非法持有毒

---

① 储槐植、江溯:《美国刑法》,北京大学出版社 2012 年版,第 30 页。

② 同①,第 31 页。

品罪的创立，在司法实践中可以减少公诉机关的证明责任。罪名是证明的中心，“持有”是现存事实状态，容易被证明，发现事实就等于证明了事实。由作为或不作为行为形式构成的种种罪名，公诉机关必须证明既成事实的来源或去向，证明事实的来源或去向显然难于证明事实本身。减轻证明责任，有助于增加刑法的威慑效用。

三、美国学者胡萨克控制原则的引入

在正统的刑法理论中，犯罪行为长期处于毫不动摇的核心地位，“无行为即无犯罪”似乎成了不证自明的真理。然而在这一问题上，美国刑法学者胡萨克（Husak）教授提出了尖锐对立的观点。他指出：“把犯罪行为要件作为对现行刑事实践的描述性归纳与作为正当刑罚的规定性前提条件，两者都是有问题的。”① 正是基于这一逻辑思考，胡萨克提出了“无行为的刑事责任”这一命题，主张以“控制原则”来取代犯罪构成中的行为要件。

（一）控制原则的内容

按照胡萨克的观点，“控制原则”指的是：“把刑事责任施加于人们无法控制的事态②即为不公正。我们有不对违反这一要求（条件）的情况不负刑事责任的基本的道德的权利。”控制原则的核心内容：“一个人，如果他不能防止事态的发生，就是对事态不能控制。”按照胡萨克的解释，如果结果的发生是由人们不能控制的事态引起的，就不能要求其承担刑事责任。

该原则的核心就是“控制”，行为人对于事态能否控制决定了其是否应当承担刑事责任。可见，如何理解“控制”是个不容回避的问题。胡萨克教授指出，“如果事态是行为，他应该能不为该行为；如果事态是后果，他应该能够防止后果的发生；如果事态是意图，他应该不具有这个意图，等等。”③反之，如果一个人能够不为该行为却实施了该行为，能够防止某种后果却没有防止某种后果，能够不具有该意图却具有这个意图，那么他就违反了控制原则，因此必须承担刑事责任。这样似乎避开了不作为、无意识、身份以及持有这类概念给行为带来的麻烦。只要某人对事态应该控制且能够控制，而行为人却没有控制而令其发生了，人们就可以认定他违反了刑事法规，而不

---

① 道格拉斯·N. 胡萨克：《刑法哲学》，谢望原等译，中国人民公安大学出版社2004年版，第6页。

② 胡萨克教授认为，“事态”一词对理解和适用控制原则不会带来困难。责任总是针对一些事情的，这些难以确定的“一些事情”就可以称作事态（事情的状态）。

③ 同①，第159页。

必考虑他是作为还是不作为，是有意识还是无意识，是身份还是行为。[①]

（二）控制原则的具体应用

正统刑法理论认为，没有犯罪行为就不会产生刑事责任。但是这一理论却无法解释为什么要追究不作为犯、身份犯、持有犯等的刑事责任。基于此，胡萨克教授提出所谓的“无行为的刑事责任”，即只要事态的发生是人们所不能控制的，就不能要求其承担刑事责任，至于是否存在行为则在所不问。所谓“无行为的刑事责任”，是胡萨克教授针对如何解决不作为犯、身份犯、持有犯等的责任问题的一种见解。具体来看：

首先，对于不作为而言，很多权威的刑法学者（包括大陆法系的刑法学家）都认为，不作为是“没有去行为”，因此很难说不作为是一种真正的行为。而胡萨克教授认为，“将控制原则适用于不作为是激进的”，“只要是控制而不是犯罪行为被作为相关变量，作为和不作为本身的区别就失去其被认为所曾具有的一切重要意义”。[②] 胡萨克教授认为，人们对不作为产生的后果和对积极的作为产生的后果应有同样的控制。应当把重点放在对危害后果的控制（即不使其发生）这一法定义务之上，而不考虑人们以何种方式（作为或不作为）造成这一事实。笔者认为，胡萨克教授的“控制原则”并没有解决不作为的行为性问题，而是回避对该问题的正面解答，只是从对不作为追究刑事责任的根据出发来对不作为进行探讨。

其次，对于身份犯而言，英美刑法认为身份犯是指具有一定人身条件或有特别特征的人，换言之，身份犯就是“根据是什么而不是做什么来确定犯罪”。[③] 因此，确定身份犯的情况很难说有犯罪行为。胡萨克教授的“控制原则”，要求人们不能因不能控制的事态而受惩罚，而且不管该事态是表现为身份还是行为。换言之，人们对能够控制的身份有义务加以控制，以免发生危害社会的后果，否则就应承担责任。胡萨克教授还专门举了个例子：假如某种致命的传染性疾病只能由生存于面部表面毛发中的细菌引起，国家颁布法令要处罚蓄胡须者。“蓄胡须”很难说是“行为”，而“蓄胡须者”显然是一种身份。按照该法令的要求，人们必须对“蓄胡须”给以控制（不长胡须）。值得提出的是，美国刑法中的身份犯与我国刑法规定的身份犯并不全然等同。我国刑法中的身份犯不仅具有影响行为人刑事责任的特定的资格、地位或状态，还要求必须有相应的犯罪行为，身份只是特定的自然人犯罪主体

---

① 道格拉斯·N. 胡萨克：《刑法哲学》，谢望原等译，中国人民公安大学出版社 2004 年版，第 8–9 页。

② 同①，第 162 页。

③ 同①，第 7 页。

必须具备的要件之一。简单地说,追究身份犯的刑事责任的根据是“身份+行为”。而胡萨克教授举的例子显然难以具有说服力。“蓄胡须”当然是“行为”,国家法令追究的正是其“蓄胡须”的行为,以避免致命的传染性疾病的传播。而所谓“蓄胡须者”则是行为主体或刑事责任承担的主体,两者怎能混淆。

再次,无意识行为问题。传统的刑法理论认为,坚持犯罪的行为要件原则,就可以排除对无意识行为、思想等现象追究刑事责任。然而根据胡萨克的分析,犯罪的行为要件远没有发挥如此大的作用。美国《模范刑法典》第一章第十三条第二款规定:“作为”是指不管有意识的或无意识的身体上的动作而言。因此,不能用犯罪的行为要件去检测有意识或无意识。胡萨克认为在有关“自己引起的无行为能力”[①](self-induced incapacitation)的案件(即人们已有预见,却不能采取合理措施防止由其无意识举动造成危害的案件)问题上,控制原则更易说明问题。如果一个人预见到即将发生无意识情形而不采取合理步骤来防止发生危害后果,就应该承担刑事责任。原因就在于事情发生前,行为人是能够控制的。对此,笔者持赞同意见。对于无意识的行为,不能绝对地认为就不应当追究刑事责任,而应当根据具体情况分析而定。关于胡萨克提出的有关“自己引起的无行为能力”的案件,笔者认为与我国刑法理论中的原因自由行为相类似。由于在行为的设定阶段,行为人是能够控制的且应该控制的,即使行为时行为人处于无意识的状态,也应当追究行为人的刑事责任。

此外,对于“思想”应否受刑罚处罚的问题,现代刑法的一个基本原则就是不处罚单纯的“思想”。但胡萨克认为,“说任何思想的责任都不能容忍,也许会遭反对”。他认为,刑法对“意图”的处罚本质上就是对“思想”的处罚;英美刑法中关于未遂的规定(特别是针对“不能犯未遂”的处罚规定),很难说不是对思想(意图)的处罚。胡萨克指出:“正如我已经证明的,武断主张刑事责任从不适用于意图,已被认定未遂的法律证明是错误的(或至少是有问题的)……但犯罪行为仅仅是证明犯罪意图的证据。当意图的可靠证据不通过犯罪行为也能取得时,坚持必须有犯罪行为发生时才可追究刑事责任,是不明智的。”[②] 但胡萨克也主张防止扩大惩罚思想的倾向,认为只有被告人的犯罪计划越过了纯粹的梦想阶段,意图已“坚定而明确”的时候,才能追究其刑事责任。而这种“坚定而明确”的意图,人们有义务而且能够

---

① 也即我国刑法理论中的原因自由行为。

② 道格拉斯·N.胡萨克:《刑法哲学》,谢望原等译,中国人民公安大学出版社2004年版,第104页。

控制。

笔者认为，关于“思想”与“意图”的区分问题，必须在理论上加以澄清。单纯的“思想”是不受刑罚处罚的，而“意图”则不同。正如胡萨克所言，“思想”与“意图”的区分在于，“思想”仅停留在思维阶段，并没有对刑法所保护的对象造成现实或现在的威胁；而“意图”较“思想”更为坚定而明确，且具有实现的现实可能性。

（三）控制原则的评析

胡萨克的“控制原则”无疑还是很有启发意义的。“控制原则”的最大功绩是解决了行为理论解释上的难题：凡一切可控制而未能控制的事态都归于犯罪，反之则不构成犯罪。此外，胡萨克将英美刑法刑事犯罪的正统模式（二元结构）修正为以控制原则为核心，不再将犯罪分成彼此独立的客观要件与主观要件，而是将两者统一于控制原则，并将重建的刑法理论与道德政治哲学紧密联系，这些观点无疑是很有见地的。

但“控制原则”并非完美无缺的理论，其最大的失效是难以对控制原则中的“能否控制”做出实证的和规范的判断。而且由于控制能力是因人而异的，这种差别性又如何统一到标准性或平等性上来呢？① 谢望原教授认为，“控制原则”存在的问题在于“人们在什么条件下能够做出另外的行为，而不是做他已做出的行为”。② 这一论点，实际上回到了刑法史上的一个古老的哲学命题，即刑事责任以“自由意志”为前提。自由意志论以“选择可能性原则”为依据。据此，确定可能性的问题就成为难以解决的问题。对此，胡萨克也倍感为难，“我深感痛惜，我做的还很不够，控制概念需要进一步阐述”。③

笔者认为，胡萨克教授所主张的“控制原则”的最大问题，是为了解决行为理论对于不作为、身份犯以及持有犯等行为性的解释上的难题，而否认了“犯罪是行为”这一基本命题。犯罪是行为，是行为人的行为，而且是行为人控制或应该控制的客观条件，作用于刑法所保护的人或物的存在状态的过程。否认犯罪是行为，否认犯罪是由于行为人实施的行为作用于刑法所保护的人或物的存在状态而威胁刑法所保护的社会关系，就难以解释追究行为人刑事责任的根据。此外，笔者认为，“控制原则”也没有从本质上解决刑法理论中的行为问题，而是从处罚根据上对一系列问题加以阐述，并没有触及问题的实质。

---

① 管宪平：《两大法系刑法中的行为理论比较研究》，载《政法学刊》，2003 年第 2 期，第 24-25 页。

②③ 道格拉斯·N. 胡萨克：《刑法哲学》，谢望原等译，中国人民公安大学出版社 2004 年版，第 9 页。

第二章

我国刑法理论中的行为概念

刑法格言“无行为则无犯罪亦无刑罚”，揭示了行为在现代刑法中的基础地位。我国刑法学界对于行为理论的研究起步较晚，刑法中一般意义的行为、刑法评价的行为、犯罪行为以及犯罪客观方面的“危害行为”等近似概念纠缠不清，以至于诸多行为理论的难题无法得到合理解释。

第一节　我国刑法理论中的行为概念之争

我国刑法学界对于行为理论的研究起步较晚，关于行为概念的表达，至今也没有统一的意见。而一旦提到刑法理论中的行为概念，一般认为指的是危害行为，我国现有刑法理论认为“危害行为”是刑法研究的行为之核心部分。① 概括起来，在“危害行为”这个层次的行为概念，目前至少有以下几种观点：

第一种观点认为，危害行为，或称为犯罪行为，即指行为人故意或过失实施的，为刑法所禁止的具有一定社会危害性的行为。②

第二种观点认为，犯罪构成客观要件中的危害行为，即指由行为人的心理活动支配的危害社会的身体活动。③

第三种观点认为，刑法上的危害行为，是指由行为人的心理活动所支配的危害社会的身体动静。④

第四种观点认为，刑法上的危害行为，是指由行为人的意思决定所支配的违反刑法的命令或禁止规范的身体动静。⑤

---

① 高铭暄：《刑法专论》，高等教育出版社 2006 年版，第 156 页。

② 高铭暄：《中国刑法词典》，学林出版社 1988 年版，第 143 页。

③ 赵秉志、吴振兴：《刑法学通论》，高等教育出版社 1993 年版，第 147 页。

④ 马克昌：《犯罪通论》，武汉大学出版社 1999 年版，第 156 页。

⑤ 熊选国：《刑法中行为论》，人民法院出版社 1992 年版，第 31 页。

第五种观点认为,危害行为指的是由行为人意志自由所支配的,客观上违反刑法禁止规范或命令规范的身体动静。①

笔者认为,第一种观点的不妥之处在于将犯罪客观方面的行为要素(即传统刑法理论中的危害行为)等同于犯罪行为,两者是不同的概念。理由如下。具体而言:第一,将危害行为与成立犯罪的犯罪行为相等同,混淆了两者的成立范围。犯罪行为是符合刑法规定的犯罪构成四个要件的行为,要求行为具备客体要件、客观方面要件、主体要件以及主观方面要件四个要件方才成立犯罪行为。危害行为就其本来含义而言,凡是对社会有危害性的行为就可称之为危害行为,其范畴应远远大于犯罪行为,两者怎能等同。而作为犯罪客观方面要件之一的"危害行为"的实质含义是犯罪行为的客观性质,仅仅是犯罪行为的客观要件之一。因为犯罪行为的客观要件除了危害行为外,还包括危害结果以及危害行为与危害结果之间的因果关系等要素,两者存在的范围大相径庭。第二,我国传统的刑法理论则赋予"危害行为"以特定含义,其实质含义是犯罪行为的客观性质,包括犯罪行为的自然性质和社会性质。如果说危害行为属于我国刑法理论约定俗成的称谓的话,其就具有特定含义,即犯罪行为的客观性质。值得注意的是,由于刑法理论中的危害行为剥离了犯罪行为的主观方面而不能作为独立的行为实体而存在,与犯罪行为也不能等同。可见,危害行为无论是从其本来含义还是特定称谓而言,都与犯罪行为的含义及存在范围存在着显著不同,将两者完全等同起来的观点是不正确的。第三,如果将犯罪客观方面的"行为"等同于犯罪行为,那么认定犯罪就只要考察犯罪行为客观方面的行为要件,至于犯罪行为的主观方面是否存在、是否有故意或过失就不必去把握,这显然是不对的。将犯罪成立的要件之一客观方面的行为要素与犯罪构成本身等同,全然不考虑主观要件,更有客观归罪之嫌。最后,由于危害行为应当准确定性为犯罪行为客观性质,只是属于犯罪行为客观方面考察的一个要素,而将某个方面的要素等同于整体的观点显然是犯了以偏概全的错误。如果无法正确解释犯罪行为与犯罪客观方面的行为要素各自的特定含义及其相互关系,甚至会影响到犯罪构成体系之理论的科学性。

对于第二种观点,笔者认为,将"危害行为"称为"犯罪客观方面中的危害行为",较前一种观点更为可取。因为刑法理论中"危害行为"的实质为犯罪行为的客观性质,属于犯罪行为客观方面考虑的内容,将其等同于犯罪行为显然不对。那么,犯罪客观要件中的危害行为与刑法中一般意义的行为是否等同呢?答案当然也是否定的。刑法研究的一般意义的行为,不仅包

---

① 肖中华:《论刑法中危害行为的概念》,载《法律科学》,1996年第5期,第46页。

括犯罪行为，还应当包括其他属于刑法评价对象的行为，例如正当行为、未成年人的行为等。既然我国刑法理论将犯罪客观方面的行为要素纳入犯罪行为客观方面的内容中讨论，就意味着此行为要素仅仅是犯罪行为客观性质方面的内容，而主观要件则在犯罪构成的主观方面中讨论。行为应当是主观与客观有机统一体，剥离了主观要件就难以成为实体意义的行为而存在。确切地说，犯罪客观方面的行为要素，仅为犯罪行为的客观性质，而非实体意义的行为。因而以上观点将犯罪客观方面的行为要素等同于刑法中一般意义的行为是不正确的。

对于第四种和第五种观点，笔者认为这两种观点大同小异，代表目前刑法理论的通说，皆认为刑法中的“危害行为”是在人的意志支配下实施的危害社会的身体动静。而第五种表达在概括危害行为的社会性特征方面有重大突破（即增加了规范的违反性特征），但仍坚持行为的三要素说（即行为的心素、体素、有害性特征）。因此，它们实际上是通说的一个变种。问题在于，这两种观点对于危害行为的实质存在着认识错误。如前所述，危害行为实质为犯罪行为的客观性质，仅仅是犯罪行为客观方面的内容，其准确称谓应为“犯罪客观方面的行为要素”，将其与刑法评价的一般意义的行为等同，甚至认为危害行为应当包括心素、体素与有害性等特征，逻辑上就难以行得通。“危害行为”既然是犯罪行为客观方面的要素之一，为何会包含主观因素的内容呢？如果认为传统刑法理论中的危害行为（即笔者认为的犯罪构成客观方面的行为要素）包含主观因素的内容，那么是否存在与犯罪构成的主观方面重复评价的问题呢？与犯罪的故意或过失的心理态度又怎样协调呢？更进一步论述，我国刑法规定的犯罪构成要件与大陆法系的构成要件符合性判断中的构成要件是不同的两个概念。我国刑法规定的犯罪构成的四个要件，是相互独立又紧密依存的，各个要件应当具有独立的内容。虽然危害行为的实质是犯罪行为的客观性质，但并不意味着与其他要件没有任何联系。危害行为是行为主体实施的，是主体认识能力和控制能力或控制义务的具体体现，是在主体主观意志支配下实施的，是主体的主观心理态度在客观世界的展开；危害行为通过改变具体的人或物的存在状态，侵犯了其所体现的刑法所保护的社会关系。可见，犯罪构成四个要件是紧密联系但又各自独立的，与大陆法系刑法理论中的构成要件是不同的概念。

第二节　对我国刑法理论中"危害行为"的追问

刑法中的行为概念，一般指的是刑法中一般意义的行为，也即最广义的行为概念。大陆法系国家刑法理论均是围绕构成要件符合性判断前的行为，也即刑法中一般意义的行为展开的，因而才衍生出因果行为论、目的行为论、社会行为论和人格行为论等具有代表性的四大行为理论。

我国刑法学者关于刑法中行为概念的表达，至今没有统一的意见。我国传统刑法理论一方面认为危害行为是刑法学上一个非常重要的概念，是一切犯罪构成在客观方面都必须具备的要件；① 另一方面又认为大陆法系四大行为理论是围绕危害行为展开并进而形成诸多行为理论学说，② 从而将"犯罪客观方面的危害行为"与"刑法中一般意义的行为"相等同。笔者对于我国刑法中行为概念的追问围绕着"危害行为"展开。

一、"危害行为"的定性存在问题

我国刑法理论认为，危害行为是在人的意志或意识支配下实施的危害社会的身体动静。③行为概念必须具备心素、体素、有害性三个特征。目前我国刑法理论关于危害行为的概念定性还是存在问题的。

首先，我国刑法理论对危害行为的定性存在着两难选择。如果认为该概念是对刑法中一般意义的行为所下的定义，就应当排除行为的"有害性"特征。但如果在行为概念中加入有害性特征，却又无法将其归属。原因就在于具有危害性的行为肯定不是一般意义的行为，而危害性特征也不能将

---

①③　高铭暄、马克昌：《刑法学》，北京大学出版社、高等教育出版社 2014 年版，第 63 页。

②　大陆法系国家的刑法理论中，围绕危害行为的概念曾存在激烈的争论，并形成了因果行为论、目的行为论、社会行为论和人格行为论等多种行为理论学说。参见高铭暄、马克昌：《刑法学》，北京大学出版社、高等教育出版社 2014 年版，第 63 页。

犯罪行为与其他行为甄别开来。[①] 其他违反法律的行为甚至违反社会伦理但不违法的行为,可能也具有危害性的特征,但并非就是犯罪行为。

其次,我国刑法理论中的"危害行为"的实质是犯罪行为的客观性质,在犯罪构成中的地位是犯罪行为客观方面的要素,与危害结果、危害行为与危害结果之间的因果关系相并列。由于"危害行为"仅仅是犯罪构成客观方面的要素,剥离了行为的主观方面要素,因此"危害行为"根本就不是实体意义的行为。

再次,我国传统刑法理论认为大陆法系四大行为理论是围绕着"危害行为"展开的。[②] 这显然又将犯罪客观方面的行为要素与刑法中一般意义的行为概念混淆起来。大陆法系四大行为理论均是对一般意义的行为概念展开论述,一般意义的行为当然包括心素、体素以及社会性特征等。而危害行为即犯罪客观方面的行为要素,仅仅包括行为的体素特征而已,又如何能够涵盖其主观心素的内容以及社会性等特征呢?

二、对"危害行为"的系列追问

我国刑法理论的通说认为,"危害行为"是在人的意志支配下实施的危害社会的身体动静,"危害行为"的概念必须具备心素、体素、有害性特征三要素。对此,笔者存在着一系列的追问。

追问一:"危害行为"的客观方面概括为"身体动静"能否解决不作为犯罪的行为性问题?

我国刑法理论将"危害行为"在客观上的表现总结为人的身体动静。"人的身体动静"是危害行为的外在特征,也可称为危害行为的有体性特征,即危害行为的体素。任何危害行为的本质在于可以改变客观世界从而危害社会,而人对客观世界的改变,只能由身体的动静来实现。行为的有体性特

① 笔者并不赞同传统的认为犯罪行为的本质特征是(严重的)社会危害性的观点。行为的危害性并不能作为犯罪行为的本质特征,具有社会危害性的行为并不一定就是犯罪行为,违反其他法律的行为甚至违反社会伦理但不违法的行为,可能都具有社会危害性,但并非就是犯罪行为。以社会危害性作为犯罪本质特征的最大弱点就是无法将犯罪行为与其他行为区别开来,因此不能作为将这一事物区别于其他事物的本质特征。刑法与其他部门法的区别就在于惩罚措施的不同。相应的,犯罪行为与其他行为的区别就在于行为是否达到应受刑罚惩罚的程度。注意,这里并不是"受到刑罚惩罚",而是"应否受到刑罚惩罚"。是根据刑法规范判断后得出的结论,是以行为是否达到应受刑罚惩罚的程度来判断是否是犯罪行为的。因此,这里的"应受刑罚惩罚"并不是后果,而是犯罪行为的本质特征。

② 高铭暄、马克昌:《刑法学》,北京大学出版社、高等教育出版社 2014 年版,第 63 页。

征,可以排除思想犯罪。单纯的思想并不能造成或可能造成对客观世界的改变,也不致危害社会,因而不构成危害行为。此外,由危害行为的体素可以看出行为有两种表现形式:身体的动或静。危害行为既可以表现出积极的身体举动,也可以表现为消极的身体静止。

笔者的问题是,危害行为既然表现为作为与不作为,那么用身体动静来概括“危害行为”,是否就意味着“作为”表现为积极的身体举动,而“不作为”则表现为消极的身体静止?

众所周知,不作为犯罪并不当然地意味着行为人没有任何的身体举动,有些不作为犯罪甚至有积极的行动表现。例如逃税罪,从本质上应是不作为犯罪,但行为人往往通过积极的涂改账本、销毁账册等行为来达到逃税的目的。那么,对于不作为犯罪的行为性应当如何认定,为何将诸如逃税罪这一类犯罪定性为不作为犯罪呢?现有的行为概念似乎难以解决。大陆法系的因果行为论对不作为犯罪就很难做出解释,而通说的观点采用的就是因果行为论的观点,因果行为论的先天不足也随之继承,同样对于不作为犯罪的行为性问题难以做出解释。我国刑法理论认为,所谓不作为是指行为人负有实施某种行为的特定法律义务,能够履行而不履行的危害行为。[①] 不作为通常表现为身体的静止,不为一定的行为。既然不作为是不为一定的行为,就很难说不作为是一种真正的行为。可见,不作为犯罪的行为性问题成为现有行为概念难以逾越的问题。

追问二:“危害行为”的主观方面概括为“意志支配”能否涵盖所有刑法评价的“行为”?

我国刑法理论认为,危害行为在主观上是由行为人的意志支配的身体动静。支配身体动静的意志或意识活动,是行为的内在特征,也称为行为的有意性特征,即行为的心素。行为必须是在人的意志支配下实施的,才可能由刑法来调整并达到刑法调整所预期的目的。只有这样的人体外部动静即危害行为,才可能由刑法来调整并达到刑法调整所预期的目的。正是基于行为的有意性的特点,才将无意识行为排除在刑法评价的范畴之外。有学者认为,无意志和无意识的身体动静具体有以下几种表现形式:①人在睡梦中或精神错乱状态下的举动。由于不是在主观意志支配下实施,因而即使客观上损害了社会,也不能认定为刑法中的危害行为,不能构成犯罪。②人在不可抗力作用下的举动。《中华人民共和国刑法》(以下简称《刑法》)第十六条规定:“行为在客观上虽然造成了损害结果,但是不是出于故意或过

---

① 高铭暄、马克昌:《刑法学》,北京大学出版社、高等教育出版社 2014 年版,第 66 页。

失,而是由于不能抗拒或者不能预见的原因引起的,不是犯罪。"行为人在不可抗力的情况下所为的行为,由于不是出于本人意志,甚至大多数情况下是违背本人意志,因而也不能构成刑法中的危害行为,不成立犯罪。③人在身体受强制情况下的行为,由于违背行为者本人的主观意愿,也不构成刑法上的危害行为,即使行为造成了危害社会的后果,也不能要求行为者承担刑事责任。①

笔者的问题是,既然危害行为必须在行为人意志支配下实施,并以此认为无意识行为不属于刑法评价的行为,但是否所有无意识的行为都排除在刑法调整的范畴之外,行为人都不需承担刑事责任呢?例如,原因自由行为,行为人在行为时是无意识的,因而无法控制自己的行为以致造成危害社会的结果。对于原因自由行为,按照通说的观点,因行为时无意识而不承担刑事责任;但在行为的设定阶段,行为人是可以控制或者说是可以预见到的,与行为人行为时完全无法意识的行为是截然不同的,这又应当做何解释呢?此外,对于无认识的过失、忘却犯,通说的观点解释也难以成立。无认识的过失行为,也即我国刑法理论中的疏忽大意的过失行为,由于行为人应当预见到自己的行为会发生危害社会的结果,由于疏忽大意而没有预见,因而导致危害结果的发生。可见,无认识过失的行为人,在行为时对于结果的发生是无认识的,为何要追究行为人的刑事责任呢?同样的道理,对于忘却犯而言,也是疏忽大意过失的不作为犯,在行为时行为人也是无认识的,其行为并不是在主观意志支配下积极实施的,那么为何会追究行为人的刑事责任呢?这也是我国刑法理论对行为定性所不能回避的问题。

追问三:"危害行为"的有害性特征能否发挥刑法作为界限要素的机能?

"危害行为"在法律上是对社会有危害的身体动静。此为危害行为的价值评价特征,也可称为危害行为的社会性特征,可以简称为行为的有害性。由于行为人的身体动静对社会有危害,而且被法律所不认可,因而是犯罪,行为人应当承担刑事责任。通说的观点认为,危害行为是由人的意志支配下实施的身体动静,只是说明了人类行为的一般意义,某一行为在什么情况下可以视为刑法上的危害行为,这是立法者即统治阶级以自己的价值标准对人类行为进行价值评价的结果。只有有害于社会的行为,才可能成为刑法惩罚的对象,才可能视为我国刑法中犯罪构成的客观要件。②

笔者的问题是,是否有(严重)社会危害性的行为都可以成为刑法惩罚

① 高铭暄、马克昌:《刑法学》,北京大学出版社、高等教育出版社2014年版,第64页。

② 同①,第65页。

的对象？犯罪行为与其他具有社会危害性的行为的区分界限在哪里？申言之，刑法是否没有调整对象或刑法没有独立的调整对象？是否如通说的观点所言，民法、经济法等部门法所保护和调整的只能是某种特定的社会关系，而刑法所保护的社会关系广泛，涉及社会生活的各个方面，所有部门法所保护和调整的社会关系都借助刑法的保护和调整，并因此而认为刑法没有独立的调整对象？此外，如何判断行为的社会危害性呢？这本身就是一个争议很大的问题。行为的社会危害性，有些学者认为判断标准就是行为符合犯罪构成。但社会危害性并不是刑法中的行为所特有，民事违法行为、行政违法行为等都具有社会危害性。通过这一个本身不是特征的特征来定义行为，显然不符合逻辑。

追问四：现有的行为概念能否解决身份犯、持有犯的行为性问题？

我国刑法理论通常将以特殊身份作为主体构成要件或者刑罚加减根据的犯罪称为身份犯。这里所谓"犯罪主体的特殊身份"，是指刑法所规定的影响行为人刑事责任的行为人人身方面的特定资格、地位或状态。① 笔者认为，通说对解决诸如身份犯、持有犯的行为性的问题似乎也不是那么具有说服力。对于身份犯，美国刑法理论认为"身份犯不是根据做什么而是根据是什么来确定犯罪"。② 而我国刑法理论中身份犯并非没有任何行为，而是"身份+行为"，身份是构成犯罪的必备要件，不具备该身份，就不成立特定的身份犯罪。例如我国《刑法》第一百零九条规定的叛逃罪的主体必须是国家机关工作人员。如果行为人不是国家机关工作人员，即使有叛逃的行为也不构成叛逃罪。可见，身份对于犯罪的成立具有决定性的作用。那么，如何解释身份犯罪与一般非身份犯罪的区分界限呢？身份犯罪的行为性又如何体现呢？目前似乎难以做出解释。

此外，通说的观点无法解释"持有犯"的问题。如果认为行为是行为人在主观意志支配下危害社会的身体动静的话，如何认定其行为性似乎也是个难题。持有确切地说是一种持续状态③而非行为。例如持有假币罪中的"持有"，就是指行为人将伪造的货币实际置于自己的支配和控制之下的一种持续性状态的行为。④ 例如随身携带、放置家中、藏于某一处所或者委托

---

① 高铭暄、马克昌：《刑法学》，北京大学出版社、高等教育出版社 2014 年版，第 94 页。

② 转引自道格拉斯·N. 胡萨克：《刑法哲学》，谢望原等译，中国人民公安大学出版社 2004 年版，第 7 页。

③ 同①，第 395 页。

④ 关于持有的性质，至今似无定论。有学者认为是第三种行为形式，也有学者认为是状态而非行为，关于此问题将在下文单辟章节加以讨论。

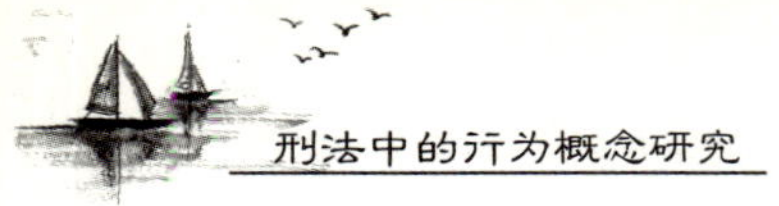

不明真相的人代为保管等。既然持有是一种持续状态,那么其行为性又如何体现呢?美国刑法学者胡萨克就因为刑法理论无法解释身份犯、持有犯的行为性问题,而提出了“控制原则”,甚至不惜否定“犯罪是行为”这一基本命题,而提出所谓的“无行为的刑事责任”。可见,关于身份犯与持有犯的问题,是刑法理论解决行为概念不容回避的难题。

笔者认为,我国刑法理论对于危害行为的定性还是存在问题的,并引发了一系列的追问。究其根源,我国刑法理论没有准确划分刑法中各个层次的行为,没有构建我国刑法结构层次理论。刑法中与行为相关的概念包括:刑法中一般意义的行为、犯罪行为、刑法评价的行为、犯罪客观方面的“危害行为”等。以上这些行为概念不仅内涵不同,外延也大为不同,应当准确区别并分别准确定性,方能解决行为理论的诸多疑难问题。

第三章

刑法中行为概念的重构

第一节　刑法中行为的重新定性

如前所述，无论是大陆法系、英美法系还是我国现有的刑法理论，对刑法中行为的定性都存在着难以解决的问题。那么，应当怎样定义刑法中的行为，已经成为刑法理论中一个亟待解决的问题。

一、相关领域的行为概念

法律格言“无行为则无犯罪亦无刑罚”，蕴含着行为在刑法中的基础性地位。这里的“行为”应当是刑法中一般意义的行为，是成立犯罪并处以刑罚的前提，在大陆法系刑法理论中是构成要件符合性判断之前的行为。既然刑法中的行为是作为犯罪成立前提的行为，就要从最广义的行为，即一般意义的行为概念入手展开研究。

（一）《现代汉语词典》对于行为的解释

《现代汉语词典》对行为的解释是“受思想支配而表现出来的活动”。[①]这与大陆法系因果行为论的观点较为相似，甚至更为科学。因果行为论认为，行为是基于意思的身体动静。但由于因果行为论将行为的有体性特征归结为身体动静而无法解释不作为；将行为理解为外部的因果事实现象，而把意识的内容从意识中抽出去，从而不能正确地把握行为的内在与构造，因而因果行为论并没有成为权威的行为理论而为大多数刑法学者所接受。

相对而言，《现代汉语词典》将因果行为论中行为的有体性特征由“身体动静”变更为“活动”更具有说服力。何谓“活动”，该词典做出的解释是为

① 中国社会科学研究院语言研究所词典编辑室：《现代汉语词典》，商务印书馆2012年第6版，第1457页。

达到某种目的而采取的行动,从而回避了对于不作为行为的解释。并非仅仅身体的动静才是行为,只要是受人思想支配的活动,即使没有表现出积极的身体举动也可以成为行为。这种观点认为行为是受“思想”支配的,那么是否就意味着不受思想支配的活动就不是行为呢? 根据该概念,我们完全可以推论出“不受思想支配的活动不是行为”的论点。对此笔者是持肯定态度的,也是非常赞成的。

但是刑法中的行为概念并不能奉行“拿来主义”,将《现代汉语词典》中的行为概念直接套用到“刑法中的行为”概念上。首先,该概念没有明确将“思想”具体化。何为“思想”,行为人是如何将“思想”转化为客观现实的,主观意志因素包含哪些具体内容等,该行为概念并不能做出圆满的答复;其次,该行为概念将行为归结为“活动”,而“活动”是为达到某种目的而采取的行动。这又与目的行为论有相似之处,目的行为论的先天不足也随之继承。[①] 可见,将行为解释为“受思想支配而表现出来的活动”并非完美的行为概念。

(二)行为科学中的通行观点

行为科学产生于20世纪的二三十年代。就“行为科学”这个词本身的含义来说,有广义和狭义两种理解:广义的理解把行为科学解释为包括研究人的各种行为的多种学科,是一个学科群,而不单单是一门学科,是社会科学的同义语,是包括心理学、社会学、人类学在内的学科群;狭义的理解把行为科学理解为运用心理学、社会学、经济学等学科的理论和方法来研究工作环境中个人和群体的行为的一门综合性学科,而不是一个学科群。行为科学创立的动因,要归功于人,因为有关人的因素始终困扰着人们的思维。由此,对于人的研究就显得越来越必要。今天的行为科学之所以繁荣发展,在很大程度上得益于对人性的探索。行为科学仍然在不断发展之中,对人的研究还远没有达到人们想象的那么深远。这门学科还是一门年轻的学科。

行为科学认为,行为是指个体在环境的作用下有目的的活动,是人和环境交互作用的产物和表现。这种观点是行为科学中的通行观点。对此笔者不敢妄加评判。行为科学将行为与环境结合得很紧密,行为是在环境中发生,并与环境相互作用,是个体在环境作用下的活动。对此,笔者是赞同的。但用行为科学中的行为概念来概括刑法中的行为,似乎由于学科的差别而水土不服,仍然难以具有说服力。原因就在于此种观点仍是将“目的”作为行为的必备要素,仍然无法将过失行为涵盖其中。过失行为作为犯罪行为

① 目的行为论就是因为将行为归结为行为人为了达到某种目的而进行的行动,而无法将过失行为涵盖其中,因此目的行为论同样不能成为权威的行为理论。

的重要表现形式之一，如果行为概念无法将其涵盖进去，这个行为概念也就不能解释刑法中的行为。

值得借鉴的是，行为科学在对行为进行研究时，注重对人性的探索，这是研究刑法中的行为概念值得借鉴的研究方法。行为首先是人的行为，从人性本身探索，更能够揭示行为的本质特征。笔者对刑法中的行为概念重新定性，也是参照行为科学的研究方法，从人性本身出发进行探讨。

探讨人性，首先需要探讨人与动物的根本区别。马克思认为人与动物的根本区别在于人具有理性思维，人的活动是由自觉自主的理性思维支配的。马克思形象地指出："蜘蛛的活动与织工的活动相似，蜜蜂建筑蜂房的本领使人间的许多建筑师感到惭愧。但是，最蹩脚的建筑师从一开始就比最聪明的蜜蜂高明的地方，是他在用蜂蜡建筑蜂房以前，已经在自己的头脑中把它建成了。劳动过程结束时得到的结果，在这个过程开始时就已经在劳动者的表象中存在着，即已经观念地存在着。"① 心理学家马斯洛教授认为，人与动物的区别就在于人是一种不断需求的动物，除短暂的时间外，极少达到完全满足的状况。人类的需要构成一个层次体系，分别是生理的需要、安全的需要、归属与爱的需要、尊重的需要以及自我实现的需要，而且任何一种需要的出现都是以较低层次的需要的相对满足为前提的，当每一种低层次的需要得以满足时，另一种高层次的需要便会取而代之。② 可见，人的需要是不断满足的。具体到刑法中来，当个人满足需要的方式与社会的需要相一致时，个人为了满足自己的需要，运用自己对于行为的认识能力和控制能力的方式就会对社会产生积极的影响，如刑法规定的正当防卫、紧急避险。从社会利益的角度，我们称这种主观能动性为积极的主观能动性。但如果个人满足需要的方式与社会的利益相冲突，个人为满足需要而运用自己的辨认和控制能力，就会破坏社会的稳定，对社会产生消极的影响，我们称这种主观能动性为消极的主观能动性。而所谓的社会危害就是这种消极的主观能动性的体现。行为只有从人的本性入手，才能真正揭示行为的根本性质。

（三）心理学的行为概念

心理学关于行为的概念有广义与狭义之分。尽管阿尔博特兄弟使用的是狭义的行为概念，但大多数社会心理学家使用的是广义的行为概念，它不仅指能够为我们直接观察的外部事件，而且包括诸如情感、态度、思维这类

---

① 马克思：《资本论》第一卷，中国人民大学出版社 2004 年版，第 208 页。

② 马斯洛：《马斯洛人本哲学》，成明编译，九州出版社 2003 年版，第 1 页。

虽不能被直接观察但能够为现代科学间接测量的内隐过程。[①] 心理学理论认为,行为不仅是指能够为我们直接观察的外部事件,而且包括诸如情感、态度、思维这类虽不能被直接观察但却能够为现代科学间接测量的内隐过程。心理学理论中的行为概念将行为归结为事件。何谓"事件",按照《牛津法律大辞典》的解释,事件(events)是指与人的行为相对照,即指在并无任何人介入的情况下所发生的事件。事件可由诸如大树倒下或洪水等自然力引起。除非事件是可以预见的,即可以且应当预见和阻止其发生。偶发事件并不必然导致民事或刑事责任。[②] 可见,事件与行为是相对的,不能将两者等同。事件在法律中被称为非行为事实,例如民法中的事件指的是与当事人的意志无关的,能引起法律关系产生、变更或消灭的客观情况,而这些现象与人的意志无关。[③]

行为首先应当是人的行为,与人的意志无关的客观情况是不能作为行为的,而且刑法无法也不能进行调整。此外,情感、态度、思维这类纯主观的东西也不应当纳入行为的范畴。可见,心理学中关于行为的概念是站在心理学角度进行的定性,只具有借鉴意义,而不能概括为刑法中的行为。

(四)法律行为的概念

"法律行为"一词,来自民法学。据考证,德国18世纪法学家丹尼尔·奈特尔布拉德于1748年出版的《实在法学原理体系》第一卷开始使用拉丁文"actus juridicus"(法律行为),指称"与权利和义务相关的行为"。其后,历史法学派奠基者古斯塔夫·胡果首创德文"Juristishcer Geschaftsman"(法律行为人)一语。1807年,胡果的学生,德国"学说编纂"体系(又称潘德克顿体系)的创立人海泽(G. H. Heise)在《供学说汇纂讲授所用之普通民法体系概论》中明确使用了后来被译作"法律行为"的德文名词"Rechtsgechaft"。著名法学家萨维尼在1840—1849年间出版的八卷本《当代罗马法体系》(尤其是第三卷)对此概念做了系统论述,因而萨维尼被认为是法律行为理论的集大成者。萨氏提出法律行为的"意思学说",将"法律行为"与"意思表示"相提并论。[④] 这一学说对后世民法理论及民事立法影响颇大。1887年《德国民法典》"第一草案"的立法理由即采此论。[⑤] 此外,美国西北大学教授考库雷克(Albert Kocourek)在其所著《法律关系》序言中区别了三种意义的行为,

---

① 周晓虹:《现代社会心理学》,上海人民出版社2000年版,第9页。

② 戴维·M. 沃克:《牛津法律大辞典》,李双元译,法律出版社2003年版,第20页。

③ 余能斌、马俊驹:《现代民法学》,武汉大学出版社1995年版,第60页。

④ 徐国建:《德国民法总论》,北京:经济科学出版社1993年版,第85-86页。

⑤ J. Von. Staudinger, Kommentar zum Burgerlichen Gesetzbuch, 12 Aufl. 1980, S. 111.

即“物质”行为(“physical”act)、“法律”行为(“legal”act)和“法”行为(“jural”act)。物质行为是产生效果的行为,法律行为是法律将关注其法律结果的行为,法行为则是直接产生、变更或终止法律关系的行为,故此法行为的含义与法律行为稍有差别。德国1896年公布、1900年施行的法典文本“总则”第三章第二节把“意思表示”作为法律行为之构件予以规定。这一带有“意思自由”和“私人自治”(privatautonomie)印记的概念,在民法学上推导出一系列上位和下位的概念,如法律上之行为(juristische handlungen)、事实行为(realakt)、涉法行为(das rechtlich relevant verhalten)等,构成一个非常精密的法律概念体系。但应当看到,民法的“法律行为”(rechtsgeschaft)只是在民法知识框架内的一个特定概念,不可能作为一个最上位的概念用来描述和解释一切法律部门诸如刑法、行政法的行为现象,否则将导致法律解释上的困难和混乱。

一般意义的“法律行为”应是各法律部门中的行为现象的高度抽象,是各部门法律行为(如宪法行为、民事法律行为、行政法律行为、诉讼法律行为等)与各类别法律行为(如合法行为、违法行为等)的最上位法学概念或法学范畴。而这个最上位概念所描述的,包括一切具有法律意义的行为现象。

所谓法律行为,就是人们所实施的、能够发生法律上的效力、产生一定法律效果的行为。[①] 法律行为包括合法行为与违法行为、意思表示行为与非表示行为(即事实行为)、积极行为(作为)与消极行为(不作为)。

根据法律行为的定义,我们可以看出法律行为具有下列特点:首先,法律行为是具有社会意义的行为。所谓社会意义,是指法律行为能够产生社会效果,造成社会影响,具有交互性。或者说,法律行为不是一种纯粹自我指向的行为,而是一种社会指向的行为。人在社会中生活,其行为在主要方面都是有社会指向的,它们是与社会利益发生各种各样的联系,或者与社会利益一致,或者与社会利益产生矛盾和冲突。人的社会性本质决定了他的活动和行为的社会性,这种社会性既可能表现为社会有益性,也可能表现为社会危害性。正是由于这一点,它们才可能具有法律意义。而纯粹自我指向的行为,一般是不具有法律意义的。

其次,法律行为具有法律性。所谓法律性,是指法律行为由法律规定、受法律调整、能够发生法律效力或产生法律效果。具体来说,法律行为是由法律所调整和规定的行为。由于行为具有社会指向,并且可能造成社会矛盾、冲突和社会危害性,它们才有可能也有必要受到法律的调整。而法律正是基于这一理由将那些具有重要社会意义的行为纳入调整范围之内,并对

① 张文显:《法理学》,高等教育出版社2003年版,第211页。

不同的行为模式及行为结果做出明确的规定。诚如美籍奥地利法学家汉斯·凯尔森所言:“行为之所以成为法律行为正因为它是由法律规范决定并且也只在这一范围内才是一个‘法律’行为。”[①] 凯尔森在书中所使用的英文“legal act”一词,显然指的是一般意义的“法律行为”。法律行为是能够发生法律效力或产生法律效果的行为。所谓能够发生法律效力,具有两层含义:一是法律行为往往是交互性的,处在一定的关系之中,或对其他行为有支配力(如行使权力的行为),或受其他行为的支配(如履行义务的行为);二是法律行为一旦形成,就受法律的约束或保护。所谓产生法律效果,是指法律行为能够引起人们之间权利义务关系的产生、变更或消灭,它们可能会受到法律的承认、保护或奖励(如合法行为),也可能受到法律的否定、撤销或惩罚(如违法行为)。

再次,法律行为是能够为人们的意志所控制的行为,具有意志性。法律行为是人所实施的行为,自然受人的意志的支配和控制,反映了人们对一定的社会价值的认同、对一定的利益和行为结果的追求以及一定活动方式的选择。或者说,正是通过人的意志的表现,行为才获得了人的行为(包括法律行为)的性质。在法律行为结构中,只存在意志和意识能力强弱的差别,即有时候人们完全按照自我意志来实施法律行为,有时候则可能并不完全出于自我意志实施某种行为,但它本身并不是一个意志有无问题。在法律上,纯粹无意识(无意志)的行为(如精神病人所实施的行为)不能看作法律行为。在法律行为层面,行为就是人们所实施的、能够发生法律上效力、产生一定法律效果的行为。[②] 可见,法律行为的概念是各个法律部门中的行为现象的高度抽象,是各部门法律行为与各类别法律行为的最上位法学概念或法学范畴。法律行为侧重于从法律规范的角度对行为概念进行定性,这对于刑法中行为概念的定性是具有借鉴意义的。

二、刑法中的行为概念

刑法中的行为是刑法中一般意义的行为,是作为犯罪成立前提的行为。笔者认为,刑法中的行为概念应当定性为:行为人控制或应该控制的客观条件,作用于具体人或物的存在状态的过程。

我国《刑法》第十二条规定:“中华人民共和国成立以后本法施行以前的行为,如果当时的法律不认为是犯罪的,适用当时的法律……”该条规定的

---

① 凯尔森:《法与国家的一般理论》,沈宗灵译,中国大百科全书出版社1996年版,第42页。

② 张文显:《法理学》,高等教育出版社2003年版,第212页。

行为,就是刑法中一般意义的行为,也就是最广义的行为概念,适用于一切行为,不仅包括犯罪行为,还包括正当防卫、紧急避险等行为。刑法中一般意义的行为,是犯罪成立的前提。

任何一种行为都应当是事实判断和价值判断的统一,两者缺一不可。首先,行为应当能够引起外界的变化,这是行为概念必须包含的要素。没有引起任何外界变化的身体活动何以成为行为?而如何引起外界的变化呢,就需要主体通过控制自己的行为从而导致外界的变化。这是一种事实判断。如果仅仅认为行为是人的有目的的活动则难以将行为全部涵盖,例如过失行为就难以说是有目的的行为。其次,行为不仅需要主体控制而引起外界的变化,行为还应当体现出主体有义务控制。而这种义务的来源可能来自于社会的认可或法律的禁止。主体的控制义务或控制能力,应该是对行为的价值性判断。如果外界的变化并非主体所能控制或主体完全没有义务控制,那么同样也不能认为是行为。再次,外界的变化应当与主体的控制之间有因果关系。故而,刑法中一般意义的"行为"也就是刑法中的行为,应当是行为人控制或应当控制的客观条件,作用于具体人或物的存在状态的过程。

重新定性的行为概念将在下文设专章展开论述。在此,仅将行为的四个要件具体内容及各要件之间的辩证关系简单阐述。具体而言:

1. 行为是主体运用自己认识能力和控制能力的过程

行为首先是人的行为,主体实施行为的过程,是主体在认识自己行为性质的基础上,运用这种认识能力来控制自己行为性质的过程。行为是主体运用自己认识能力和控制能力的结果,也是行为人认识能力和控制能力的表现形式。行为主体的认识能力和控制能力就是判断行为人能否控制或应该控制的标准,具体到犯罪行为过程中,就是刑事责任能力。犯罪行为的实施过程,就是犯罪主体在具备刑事责任能力的基础上,实施犯罪行为的过程。因此,行为应当是主体在一定社会关系中所进行的活动,是主体的存在和表现形式。① 行为的主体要件至少由两个因素决定:一是主体对于自己行为的认识和控制能力。只有是主体能够控制的客观事实,才可能归因于主体,才可能是主体的行为。因此,主体对于某种行为的控制能力,是行为人成为该行为主体的关键,包括两个方面的内容:一是行为人的控制能力和控制义务;二是行为主体的主观能动性。当个人满足需要的方式与社会的需要相一致时,个人为了满足自己的需要,运用自己对于行为的辨认能力和控制能力就会对社会产生积极的影响,如刑法规定的正当防卫、紧急避险。从

① 陈忠林:《刑法散得集》,法律出版社2003年版,第241页。

社会利益的角度,我们称这种主观能动性为积极的主观能动性;但如果个人满足需要的方式与社会的利益相冲突,个人为了满足自己的需要而运用自己对于行为的辨认能力和控制能力,就会破坏社会的稳定,对社会产生消极影响,我们称这种主观能动性为消极的主观能动性。而所谓的社会危害就是这种消极的主观能动性的体现。

2. 行为是主体在控制或应该控制的主观心态下实施的过程

行为概念中的核心是"控制或者应该控制"的心理状态。主体的行为过程,是将主体的辨认能力和控制能力具体化为有一定内容的心理状况,并在这种心理状况的支配下控制自己行为性质的过程。因此,行为是主体特定心理状态在客观世界的展开,是主观要件的现实化。这里的"控制或应该控制"包括两个方面的内容:行为人的认识因素和意志因素。就行为人的认识内容而言,笔者认为应当包括行为人是否认识到或应否认识到自己行为的性质、行为可能产生的后果以及行为与后果之间的因果关系等三个方面的内容。

犯罪主观要件包括两个方面的内容:一是行为人对自己行为的认识状态;二是行为人对于自己行为的控制状态。控制状态的主要内容也就是犯罪主观要件意志因素的内容,具体是指行为人主观上对自己行为的控制状态。[①] 以故意犯罪行为为例,依照我国刑法规定,构成故意犯罪要求行为人主观上必须具有"希望或放任这种结果发生"的心理状态,而这种心理状态实质上就是行为人主观上对自己行为的控制状态。作为罪过内容的"希望"或"放任"是犯罪主体将犯罪意识转化为客观行为的活动。值得注意的是,作为犯罪构成主观罪过的"希望"和"放任",不是静态的纯主观的行为人对危害后果的心理态度,而是有一定控制对象和控制内容的、动态的、能动的心理活动。通过行为人对行为对象的控制过程,已不仅仅是行为人内在的心理活动,而是使主观转化为客观的桥梁。

3. 行为是主体作用于具体的人或物的存在状态的过程

行为是主体与客体相互作用的结果,主体运用自己的认识能力和控制能力,作用于行为对象,通过改变或影响具体的人或物的存在状态,侵害或威胁客观事物所体现的社会关系。行为概念中的"具体的人或物的存在状态"是对行为对象的概括,而具体的人或物的状态的改变所体现的刑法所保护的社会关系,则是实质的行为客体要件。可见,行为对象与刑法所保护的社会关系是形式与实质的关系,行为客体要件在事实层面表现为具体的人或物的存在状态,在法律层面表现为刑法所保护的社会关系。

---

① 陈忠林:《刑法散得集》,法律出版社 2003 年版,第 259 页。

传统的关于犯罪对象的观点值得商榷，认为犯罪对象是指刑法分则规定的犯罪行为所作用的客观存在的具体人或具体物。关于犯罪对象具体化为四个问题：一是认为犯罪对象应当是具体的人或物；二是并非所有的犯罪都有犯罪对象；三是犯罪对象都应当具有合法性质；四是犯罪对象不能辨明犯罪的性质。

对于以上四点，本人不能苟同。相对应的，提出自己关于犯罪对象的若干特征：一是犯罪对象应当是“具体的人或物的存在状态”，犯罪行为的实施是通过改变具体的人或物的存在状态来实现的，而具体的人或物只能是行为客体要件的物质载体，并不能体现为犯罪行为所侵害而为刑法所保护的社会关系；二是所有的犯罪都有犯罪对象，原因就在于犯罪行为是通过改变具体的人或物的存在状态而实现的；三是犯罪对象并不一定必须具有合法性质；四是由于犯罪对象与犯罪所侵害而为刑法所保护的社会关系是形式与实质的关系，是犯罪客体的“两个侧面”，不能割裂开来。

申言之，由于犯罪行为是刑法中行为的下位概念，同样的，犯罪对象也是行为对象的下位概念。行为对象与行为客体是形式与实质的关系，不能割裂开来。刑法中行为客体的实质是刑法所保护的社会关系，刑法所保护的社会关系不能脱离具体的行为对象而存在；行为客体的存在和表现形式是行为对象，即具体的人或物的存在状态，只有通过行为对象的具体特征才能揭示和认定刑法所保护的社会关系。行为对象与刑法所保护的社会关系是不能割裂开来，孤立看待的。

4. 行为是主体控制或应该控制的客观条件作用于行为对象的过程

行为主体通过对自己行为的控制，使主体认识状态中的主观内容转化为客观现实，将包含于主体认识状态中的行为客观方面的特征转化为客观的、现实的行为的客观特征。因此，行为是主体在认识自己行为性质的基础上，利用客观条件作用于行为对象，使主体认识状态中的主观内容转化为客观现实的过程。简而言之，行为是主体控制或应该控制的客观条件作用于行为对象的过程。这是行为的客观要件。目前我国刑法理论一般将行为的客观要件总结为“身体的动静”。但“身体的动静”无法解释不作为行为的行为性问题。这也是笔者无法赞同传统刑法理论对刑法中行为定性的原因之所在。

笔者认为，行为之所以是行为就在于能够引起外界的变化。如果仅仅体现行为人的目的性而没有引起外界的任何变化，是不能被称为行为的。因而，行为的实施过程也就是引起外界发生变化的过程。而发生这种改变是主体通过控制客观条件的属性来实现的。行为是主体在认识自己行为性质的基础上，控制或应该控制的客观条件作用于行为对象，使主体认识状态中的主观内容转化为客观现实的过程,这就是行为的客观方面。行为概念中的控制或应该控制的"客观条件",主要有三种表现形式:一是行为人自身条件,包括行为人自身特殊的身份、地位等内容;二是行为人外部的自然条件,主要是指行为人利用犯罪工具、利用自然进程等实施犯罪行为;三是他人的行为,这种情况在共同犯罪中比较常见。研究行为人控制或应该控制的"客观条件",对于确定犯罪行为的客观性质具有决定性的作用,对于解释不作为的行为性、狭义共犯人的处罚依据、原因自由行为等具有重要意义。

对于行为概念中的"过程"而言,大陆法系行为理论将行为归结为"身体动静"或"身体举动",并不能涵盖所有刑法中的行为。行为是从预备阶段发展到危害结果的发生的一个过程,而不是一个个孤立的身体举动或运动。如果没有行为人意志以外的原因或行为人本人意志因素的改变,行为就会按照行为人的意愿转化为客观现实,按照行为人认识的行为性质发展,直至结果的发生。行为的实施过程,既是行为人主观要件转化为客观现实的过程,也是行为人的辨认能力和控制能力的实际运用过程,更是行为人控制或应该控制的客观条件作用于行为对象的过程。因而将行为归结为"过程",即行为人控制或应该控制的客观条件,作用于具体的人或物的存在状态的过程。

第二节　与刑法中行为相关的概念

刑法中的行为是犯罪成立的前提,是构成要件符合性判断之前的行为,是作为刑法基础的行为,也是本书主要论述的行为概念。而与之相关的概念还有犯罪行为、犯罪客观方面的"危害行为"以及刑法评价的"行为"等。研讨刑法中的行为概念,需要澄清的就是刑法中行为的理论界分问题。

一、最广义的行为、广义的行为、狭义的行为

熊选国博士在刑法学界首开先河,将刑法中的"行为"进行层次上的区分,提出"行为"一词应当具有多种含义。熊选国在其博士论文《刑法中行为论》中,就明确提出行为应当分为最广义的行为、广义的行为和狭义的行为。具体而言:①最广义的行为,包括犯罪与非犯罪行为,乃泛指人的一切行为。是否犯罪,按照行为当时的法律、法令、政策来认定,符合犯罪的条件,即为犯罪,否则即为非犯罪。②广义的行为,是指成立犯罪的行为。③狭义的行为,专指广义行为中与主观方面分开观察的客观行为,即犯罪客观方面的危害行为。这里所谓的行为,仅指犯罪客观方面的危害行为,不包括犯罪主观

方面的内容。①

笔者认为,熊选国博士率先对行为进行理论上的分类,并指出“危害行为仅指犯罪客观方面的危害行为,不包括犯罪主观方面内容”。这一观点的提出无疑具有重大的意义。对刑法中的行为进行准确分类,有助于解决一系列行为理论中存在的问题,这正是对刑法中行为进行分类的意义之所在。然而,仅对刑法中行为进行理论上的划分尚显不足。如上所述,熊选国认为,最广义的行为就定性为人的一切行为,包括犯罪行为以及非犯罪行为;广义的行为就是犯罪行为;狭义的行为就是犯罪客观方面的危害行为。笔者认为,仅仅指出各个层次的行为的存在范围还是不够的,关键是要对不同层次的行为概念分别进行准确定性,并进而运用重新定性的行为概念能够解决行为理论乃至整个犯罪论体系的一系列问题,方是对重构的行为概念的真正认可。

还有类似的观点认为,我国的刑事立法中“行为”的含义可以归纳为三个层次的含义:①最广义的行为。这种“行为”是在一般意义上使用的,泛指人的一切行为,不论是否为犯罪行为。②广义的行为。这种“行为”同犯罪行为含义相同,意指犯罪这种行为。③狭义的行为。这种“行为”专指作为犯罪客观方面的要件的行为,即危害行为。这里的“行为”专指作为客观要件而不包括犯罪主观方面在内的危害行为。②

对于上述观点,笔者认为,此种观点对于刑法中行为的划分很清晰,三个层次的行为在范围上依次递减,分别为最广义的行为、犯罪行为以及犯罪客观方面的行为要素。但也存在着同样的问题,即没有对各个行为概念分别准确定性。尤其是对最广义的行为概念,只是指出一般意义的行为是人的一切行为,但确切含义应当怎样定性并没有提及。人的一切行为都是行为吗?精神病人的行为是行为吗?意外事件中人的行为也是行为吗?按照上述观点,精神病人的行为与意外事件中的行为,都是行为。但这两种情况都是在主体不能认识或不能控制的情况下发生的,不是主体意志支配的结果,因此不能认为是行为。可见,虽然一般意义的行为概念是最广义的行为概念,但并不能概括所有刑法中的行为。

笔者认为,仅仅简单地将我国刑事立法中的“行为”分为最广义的行为、广义的行为和狭义的行为,而没有分别对这三个层次的行为含义准确定性还是很不够的。不仅要对我国刑事立法中的“行为”进行理论上的准确划分,还应当分别定性。不同层次的行为概念应当区分清楚,这是研究刑法中

---

① 熊选国:《刑法中行为论》,人民法院出版社1992年版,第4-5页。

② 高铭暄、马克昌:《刑法学》,北京大学出版社、高等教育出版社2014年版,第63页。

的行为概念的前提。刑法中的行为概念应当如何具体划分，则是研究行为概念的核心所在。

二、刑法中的行为、犯罪行为、犯罪客观方面的危害行为、刑法评价的非行为事实

此种分类是从刑事立法对刑法中行为所做的分类。与刑法中的行为相关的概念有刑法评价的行为、犯罪行为、犯罪客观方面的危害行为等。对这几个概念应当逐一甄别并分别定性，方能正确认识刑法中的行为。

（一）刑法中的行为

所谓刑法中的行为，是指行为人控制或应该控制的客观条件，作用于具体人或物的存在状态的过程。刑法中的行为是犯罪成立的前提，作为刑法基础的行为，也是大陆法系在判断构成要件符合性之前的行为。刑法中的行为不仅包括犯罪行为，而且包括正当防卫、紧急避险等正当行为，此外还包括其他刑法中的行为，甚或社会生活中的行为。刑法中的行为概念是最广义的行为概念。具体而言：

首先，行为是主体运用自己认识能力和控制能力的过程。行为首先是人的行为，主体实施行为的过程，是主体在认识自己行为性质的基础上，运用这种认识能力来控制自己行为性质的过程。行为是主体运用自己认识能力和控制能力的结果，也是行为人认识能力和控制能力的表现形式。行为主体的认识能力和控制能力就是判断行为人能否控制或应该控制的标准，具体到犯罪行为过程中，就是刑事责任能力。犯罪行为的过程，就是犯罪主体具备刑事责任能力的基础上，实施犯罪行为的过程。因此，行为应当是主体在一定社会关系中所进行的活动，是主体的存在和表现形式。

其次，行为是主体在控制或应该控制的主观心态下实施的过程。主体的行为过程，是将主体的辨认能力和控制能力具体化为有一定内容的心理状况，并在这种心理状况的支配下控制自己行为性质的过程。因此，行为是主体特定心理状态在客观世界的展开，是主观要件的现实化。行为人对行为对象的控制过程，不仅仅是行为人内在的心理活动，而且是使主观转化为客观的桥梁。

再次，行为是主体作用于具体的人或物的存在状态的过程。行为是主体与客体相互作用的结果，主体运用自己的认识能力和控制能力，作用于行为对象，通过改变或影响具体的人或物的存在状态，侵害或威胁客观事物所体现的社会关系。行为概念中的“具体的人或物的存在状态”是对行为对象的概括，而具体的人或物的状态的改变所体现的刑法所保护的社会关系，则是实质的行为客体要件。可见，行为对象与刑法所保护的社会关系是形式

与实质的关系，行为客体要件在事实层面表现为具体的人或物的存在状态，在法律层面表现为刑法所保护的社会关系。

最后，行为是主体控制或应该控制的客观条件作用于行为对象的过程。行为主体通过对自己行为的控制，使主体认识状态中的主观内容转化为客观现实，包含于主体认识状态中的行为客观方面的特征，转化为客观的、现实的行为的客观特征。因此，行为是主体在认识自己行为性质的基础上，利用客观条件作用于行为对象，使主体认识状态中的主观内容转化为客观现实的过程。

（二）犯罪行为

刑法评价的对象主要是犯罪行为，刑法的处罚对象是实施了犯罪行为的行为人，但刑法中的行为并非都是犯罪行为。

首先，对于犯罪而言，犯罪概念是解决“什么是犯罪”的问题，是犯罪的一般概念，而不是指一些具体罪如故意杀人罪、盗窃罪、放火罪等具体概念。外国学者和立法对于犯罪概念的表述多种多样，一般可以归纳为形式概念、实质概念和混合概念三类。犯罪的形式概念，仅从犯罪的法律特征给犯罪下定义，而不揭示法律何以将该行为规定为犯罪。犯罪的形式概念一般将犯罪定义为违反刑事法律并且应当受到刑罚处罚的行为。[①] 犯罪的形式概念是罪刑法定主义的重要体现，是反对封建刑法罪刑擅断的产物，这是历史进步性的体现。但仅从犯罪的法律形式定性而没有揭示犯罪的社会政治本质，这是其缺陷之所在。

与之相反，犯罪的实质概念，不强调犯罪的法律特征，却试图揭示犯罪现象的本质所在，或者说，仅从犯罪行为之所以被刑法规定为犯罪的理由与根据出发来对犯罪进行定性。代表性的观点如刑事古典学派创始人贝卡里亚说：“衡量犯罪的真正标尺，即犯罪对社会的危害。”[②] 刑事实证学派的代表人物加罗法洛说：“犯罪一直是一种有害的行为，但它同时又是一种伤害某种被某个聚居体共同承认的道德情感的行为。”[③] 上述引证的犯罪概念，表面上似乎揭露了犯罪的社会危害性，较之犯罪的形式概念来说在认识上相对先进或深化，但由于其从根本上抹杀资本主义社会的阶级对立，把资产

---

① 高铭暄、马克昌：《刑法学》，北京大学出版社、高等教育出版社 2014 年版，第 40 页。

② 贝卡里亚：《论犯罪与刑罚》，黄风译，中国大百科全书出版社 1993 年版，第 67 页。

③ 加罗法洛：《犯罪学》，耿伟等译，中国大百科全书出版社 1996 年版，第 21－22 页。

阶级的利益当作全社会的利益，把法律秩序说成超阶级的普遍性权利，与犯罪的形式概念一样，掩盖了犯罪的阶级实质。[①] 真正科学阐述犯罪的实质概念的是马克思。马克思、恩格斯在《德意志意识形态》一书中精辟地指出："犯罪——孤立的个人反对统治关系的斗争，和法一样，也不是随心所欲的产生的。相反的，犯罪和现行的统治都产生于相同的条件。"[②] 这段论述既深刻又简练地指出了犯罪的阶级实质及其产生的条件，阐明了犯罪与现行统治的关系，揭示了犯罪的本质属性，是马克思主义关于犯罪的经典论述。可见，犯罪的阶级本质就在于犯罪是"孤立的个人反对统治关系的斗争"。

犯罪的混合概念，是将犯罪的实质概念和形式概念合二为一，既指出犯罪的本质特征，又指出犯罪的法律特征的概念。[③] 这种犯罪的混合概念首先出现于苏联的刑法理论与刑事立法中，此后包括中国在内的大多数社会主义国家在犯罪概念的问题上采用犯罪的混合概念的占主导地位。1997 年 1 月 1 日起施行的《俄罗斯联邦刑法典》第十四条规定了如下的犯罪概念："本法典以刑罚相威胁所禁止的有罪过地实施的危害社会的行为，被认为是犯罪。""行为（不作为）虽然形式上含有本法典规定的某一行为的要件，但由于情节显著轻微而不具有社会危害性的，不是犯罪。"[④] 而资本主义国家也存在混合犯罪概念的主张。德国著名刑法学家耶塞克认为，犯罪是行为人实施的符合犯罪构成、危害社会因而应受刑罚处罚的不法行为。[⑤] 可见，资产阶级刑法与社会主义刑法在犯罪的形式特征（刑事违法性）与犯罪的实质特征（社会危害性）方面，两者是一致的。但在进一步论述何为"社会危害性"方面，两者不可避免地出现理论上的分歧：资产阶级刑法将社会危害性解释为对全社会法益的侵害，而社会主义刑法则将社会危害性的实质归结为对阶级统治的危害。我国《刑法》第十三条规定犯罪的概念，可以概括为触犯刑法的应受刑罚处罚的具有严重社会危害性的行为。犯罪应当具备严重的社会危害性、刑事违法性与应受刑罚处罚性等三个特征，才能称其为犯罪。可见，我国刑法对犯罪概念的规定采取的也是混合的犯罪概念模式。

其次，对于犯罪行为而言，犯罪行为是在犯罪构成意义上定性的行为概念，是符合我国刑法规定的犯罪构成的行为。例如我国《刑法》第十三条规

---

① 高铭暄、马克昌：《刑法学》，北京大学出版社、高等教育出版社 2014 年版，第 41 页。

② 《马克思恩格斯全集》第三卷，人民出版社 1960 年版，第 379 页。

③ 同①，第 43 页。

④ 《俄罗斯联邦刑法典》，黄道秀译，中国法制出版社 2004 年版，第 5 页。

⑤ 徐久生：《德国犯罪学研究探要》，中国人民公安大学出版社 1995 年版，第 2 页。

定的“行为”就属于在犯罪构成意义上的行为概念。该条规定“一切危害国家主权、领土完整和安全,分裂国家、颠覆人民民主专政的政权和推翻社会主义制度,破坏社会秩序和经济秩序,侵犯国有财产或者劳动群众集体所有的财产,侵犯公民私人所有的财产,侵犯公民的人身权利、民主权利和其他权利,以及其他危害社会的行为,依照法律应当受刑罚处罚的,都是犯罪,但是情节显著轻微危害不大的,不认为是犯罪。”犯罪行为与一般意义行为的区别就在于犯罪行为是符合犯罪构成的行为,而一般意义的行为的范畴远远大于犯罪行为,还包括其他属于刑法评价的行为等。

最后,对于犯罪与犯罪行为的区分问题。虽然犯罪也是行为,犯罪行为也可以简称为犯罪,但两者并非完全等同。犯罪属于刑法规范对行为的否定评价,体现的是犯罪人对刑法所保护的法律秩序的敌视、蔑视或漠视的态度;而犯罪行为是符合我国刑法规定的犯罪构成的行为,属于犯罪构成意义上行为的范畴,是刑法中行为的下位概念。犯罪侧重的是刑法规范对其所做的否定性评价,是一种价值判断;而犯罪行为则是从行为角度而言的,是符合犯罪构成的行为。

三、犯罪客观方面的危害行为

我国传统刑法理论认为,刑法中的行为可以分为最广义的行为、广义的行为以及狭义的行为。其中狭义的行为意指犯罪客观方面的危害行为。[①]我国刑法理论中的危害行为,已非传统的广义的危害行为,而是有着特定成立范围及特定含义的行为。

(一)“危害行为”称谓的更正

我国刑法理论中的危害行为,已非传统意义的广义的危害行为,而是有着特定成立范围及特定含义的概念。所谓“危害行为”,是指行为人意志自由所支配的、客观上违反刑法的禁止规范或命令规范的身体动静。它是任何犯罪构成所必需的客观条件。[②] 我国传统刑法理论认为,危害行为应当具备有意性、有体性以及刑事违法性的特征。

笔者认为,我国传统刑法理论中的“危害行为”的称谓非常有必要澄清。顾名思义,危害行为是对社会具有危害性的行为。如果据此定义,那么危害行为的范围就非常广泛,诸如一般违法行为、民事违法行为、行政违法行为以及犯罪行为等所有具有危害性的行为。可见,一般意义的危害行为的外

① 高铭暄:《刑法专论》,高等教育出版社2006年版,第155页。

② 同①,第160页。

延大于犯罪行为,应当作为犯罪行为的上位概念。[①] 而我国刑法理论赋予“犯罪客观方面的行为要素”以特定含义,并称之为“危害行为”。危害行为意指犯罪客观方面的危害行为。[②] 应该说,我国刑法理论中的危害行为,已非传统的广义的危害行为,而是有着特定成立范围及特定含义的概念。问题在于危害行为是犯罪客观方面的行为要素,还是犯罪行为的上位概念即具有社会危害性的行为?两者之间具有何种关系?可以说,这是我国刑法学界长期忽视的问题,也是研究刑法中的行为概念必须解决并澄清的问题。

危害行为首先应当是行为,是主观与客观的有机结合体,而不能仅以客观方面的要素来代替行为。将有危害性的行为等同于犯罪客观方面的行为要素,犯了以偏概全的错误。为了理论上不至于产生混乱或误解,尽管这种误解已经根深蒂固,笔者仍然主张应当修改其称谓,改为犯罪客观方面的行为要素,其实质是犯罪行为的客观性质。

(二)“危害行为”性质的再辩正

我国传统刑法理论中的“危害行为”,其实质是犯罪行为的客观性质。即使我国刑法理论将作为犯罪客观方面的行为要素特定化为危害行为,即赋予危害行为以特定含义,笔者认为也不能将其视为独立的行为。原因就在于犯罪客观方面的行为要素是不包含主观要件的,因而不能作为实体行为而存在。行为应当是主观要件与客观要件的有机统一体,缺乏主观要件就不可单独成立行为,其不具备独立存在的意义。

我国《刑法》第十五条规定:“应当预见自己的行为可能发生危害社会的结果,因为疏忽大意而没有预见,或者已经预见而轻信能够避免,以致发生这种结果的,是过失犯罪。”该条规定的“行为”即为“犯罪客观方面的行为要素”。需要强调的是,“犯罪客观方面的行为要素”不是孤立成立的,需要由犯罪行为其他各要件决定,与犯罪主体要件、犯罪客体要件和犯罪主观方面的要件共同决定行为符合犯罪构成而成立犯罪行为。还应当指出的是,对于意外事件、不可抗力而言,损害结果是由不能抗拒或不能预见的原因引起的,损害结果的发生不是行为人控制或应该控制的,因而不是刑法中的行为。但由于意外事件、不可抗力与犯罪行为在客观性质方面有相似之处,都造成了危害社会的结果,因而纳入刑法判断的范畴。

笔者认为,应当建立起我国刑法中的行为结构层次理论。如前所述,刑

---

① 犯罪行为应当是具有严重社会危害性的行为。而社会危害性的程度具体由以下因素决定:行为侵犯的客体;行为的手段、后果以及时间、地点;行为人的情况及其主观因素;等等。因而仅从字面含义来看,可以认定危害行为是犯罪行为的上位概念。

② 高铭暄:《刑法专论》,高等教育出版社 2006 年版,第 155 页。

法中的行为、犯罪行为以及犯罪客观方面的行为要素分别属于行为的不同层次。对于行为的不同层次，笔者认为刑法中的行为、犯罪行为、犯罪客观方面的行为要素三者在范围上是依次递减的。刑法中的行为与犯罪行为之间存在着包含关系，既包括犯罪行为，也包括正当化行为等刑法所评价的行为。犯罪行为的概念是在犯罪构成意义上的行为概念，相当于符合犯罪构成的行为。犯罪行为与“刑法中的行为”的区别就在于行为是否符合犯罪构成。行为人利用客观条件，作用于刑法明确规定保护的人或物的存在状态时，才能是成立犯罪的行为。对于犯罪客观方面的行为要素，由于剥离了犯罪行为的主观要件，是犯罪行为的客观性质，因此不能作为具有实体意义的行为而存在，只能作为犯罪行为客观方面的构成要素之一。

四、刑法评价的行为与非行为事实

一般认为，刑法评价的行为包括两个方面的内容：一是刑法评价的真正意义的行为，包括刑法评价的应当受到刑罚处罚的犯罪行为，刑法评价的具有正当性而为刑法所允许的正当化行为，以及刑法评价的因主体刑事责任能力不完全具备而不承担刑事责任的未成年人的行为，等等。二是刑法评价的非行为事实，包括精神病人在完全丧失辨认能力的情况下实施的“行为”以及意外事件等。值得注意的是，刑法评价的对象是否都是行为，是否意味着除了行为以外就没有任何内容了呢？那么，意外事件、精神病人的“行为”应当如何归属呢？这正是笔者认为理论上应当加以澄清而目前又为大多数学者所忽视的问题。

可以肯定的是，刑法评价的对象并不一定都是行为，还包括一些不是行为人主观意志支配或行为人不能控制或无法控制的非行为事实。按照《现代汉语词典》的解释，事实是指事情的真实情况。[①] 根据这个权威定义，事实的构成要素并没有主体或主观要件的要求，行为可以导致事实的发生，因而行为也是事实的一种。除此之外，非行为事实也可以构成事实，例如意外事件与精神病人在完全丧失认识和控制能力状态下的“行为”等，也可以认为是“事情的真实情况”。由于这两种情况中危害结果的发生不是在行为人主观意志支配下实施的，对行为的发展过程也不是行为人能够控制或应该控制的，因而不是真正意义的行为，而是刑法评价的非行为事实。

（一）刑法评价的行为

刑法并非对所有的行为都予以法律上的评价，而为刑法所评价的行为

---

① 《现代汉语词典》，商务印书馆2012年版，第1188页。

所具有的共同特征是,具有与犯罪行为类似的客观性质。刑法评价的行为,是指一切具有刑法意义,应按刑法规定予以法律评价的行为,包括犯罪行为、正当行为、意外事件等与犯罪行为客观性质相似的行为。[①] 刑法中行为最基本的表现形式应当是犯罪行为,犯罪行为既是刑法学研究的重点,同时也是追究行为人刑事责任的根据;另一种表现形式是正当行为,正当行为在客观性质方面与犯罪行为类似,行为人也能认识和控制自己的行为,但由于行为人主观上具有与犯罪行为不同的内容,因而行为不仅不是犯罪行为,反而是对社会有益的行为。

现代世界各国刑法基本上都规定正当行为不是犯罪,行为人不负刑事责任,但阻却责任的理由却不相同,从而导致其称谓也不尽相同。西方刑法理论一般称之为"违法性阻却事由"或"违法阻却事由",意指排除符合构成要件的行为的违法性的事由。[②] 由于构成要件是违法行为类型,所以在通常情况下,如果某种行为具有构成要件符合性,就意味着发生了作为违法性实质的法益侵害或危险,因而该行为就具有违法性。但在某些情况下,由于某种特殊理由、根据的存在,否定了符合构成要件行为的违法性,这种特殊理由,就是违法性阻却事由,也称为正当化事由。[③]正当行为虽然具备犯罪构成要件的该当性,但刑法经过实质性的价值判断,免除其原有的违法性,因此不负刑事责任。

笔者对此持否定意见,我们不能认为正当行为在形式上符合构成要件的该当性,而经过实质的价值判断却免除其违法性。正当行为不具备主观要件,究竟是如何在形式上符合构成要件的该当性的,在解释方面似显单薄。就大陆法系的构成要件符合性来说,认为构成要件是中性无色、不包含任何主观因素的观点早已过时,现在一般认为构成要件要素包括:客观的构成要件的要素,如行为的客观面、行为主体、行为客体以及行为的状况与条件等内容;主观的构成要件的要素,如作为行为人的内心、主观方面的构成要件的内容的要素。[④] 可见,既然构成要件中应当包含行为人主观要素的内容,那么就谈不上正当行为符合构成要件。对于我国刑法规定的犯罪构成来说,正当行为除了在客观方面与犯罪行为相类似,即对不法侵害人造成了一定的损害,但其他要件均不符合。我国刑法所规定的犯罪构成是有机统一体,一个构成要件不符合,也就意味着其他构成要件也不符合。即使是犯罪客观方面的要件,就其实质意义而言也是不符合的。因为正当行为的行

① 陈忠林:《刑法散得集》,法律出版社 2003 年版,第 7 页。

②③ 张明楷:《外国刑法纲要》,清华大学出版社 2012 年版,第 150 页。

④ 同②,第 83 页。

为人在行为时认识到自己的行为是正当的,并且运用自己对行为的认识能力和控制能力将行为的性质控制在合法的范围内,以保护国家利益、公共利益及自己和他人的合法权益,因而其行为性质是为法律所允许的,是正当的,因而也就不符合犯罪构成的客观方面的要件。由此可见,传统观点认为正当行为在形式上符合犯罪构成或认为符合犯罪构成客观方面要件是值得商榷的。

笔者认为,之所以将正当行为纳入刑法调整的范畴,就在于正当行为与犯罪行为客观性质相类似。刑法是惩罚措施最为严厉的法律,刑罚惩罚方法会剥夺犯罪人的财产、自由乃至生命。而正当行为给不法侵害人造成了一定损害甚至会造成不法侵害人的重伤或死亡,客观造成的损害容易在实践中造成混淆。为了防止与犯罪行为同等处罚,因而纳入刑法评价的范畴,由刑法予以认可,确认正当行为的正当性质。

(二)刑法评价的非行为事实

意外事件、精神病人在完全不能辨认自己行为性质时所实施的"行为",究竟是不是刑法中的行为?如果不是刑法中的行为,又应当如何归属呢?笔者认为这是个在理论上必须明晰的问题。

1. 意外事件

我国《刑法》第十六条规定:"行为在客观上虽然造成了损害结果,但是不是出于故意或者过失,而是由于不能预见的原因所引起的,不是犯罪。"根据刑法规定,意外事件是由不能预见的原因引起的,因而行为人不承担刑事责任。

那么,意外事件是不是行为呢?判断的标准就是考察其是否符合行为的概念。根据笔者重新定性的刑法中的行为概念,所谓刑法中的行为,是行为人控制或应该控制的客观条件,作用于具体人或物的存在状态的过程。由于意外事件并不是在行为人意志的控制下实施,而且危害结果的发生也并不是行为人应该控制而没有控制导致的,因而意外事件确切地说是事实,而不是行为。

此外,《牛津法律大辞典》对行为的解释如下:"行为是在人类意志控制下所发生的任何事,与无意动作或者自然发生的事件、自发的肌肉或身体变化及其直接后果有别。"① 即使根据传统的行为概念,意外事件也不符合行为的要求,原因就在于意外事件并非行为人意志支配下实施的。无论怎样,虽然意外事件在客观上造成的损害结果与犯罪行为相类似,但由于不是行

① 戴维·M. 沃克:《牛津法律大辞典》,李双元译,法律出版社 2003 年版,第 399 页。

为人所控制的，并不包含行为人的主观要件而导致危害结果发生的，因而不是行为，更不是刑法中的行为。那么，对于这种不包含行为人主观要件的事态，我们应当如何定性呢？

按照《现代汉语词典》的解释，事实是指事情的真实情况。[①] 既然意外事件不是行为，且又不包含主观要件，那么只能认定意外事件为事实，而非行为。申言之，既然意外事件不是行为，又为何纳入刑法判断的范畴呢？原因就在于意外事件在客观上造成的损害结果与犯罪行为相类似，为了对其准确定性，并判断其是否承担刑事责任，而将其纳入刑法判断的范畴。在判断的过程中，就要考察行为人在行为时能否控制或应该控制而没有控制自己的行为，从而导致危害结果的发生。如果结果是由行为人不能预见的原因导致的，即使造成了与犯罪行为相似的危害结果，也不能追究行为人的刑事责任。正是由于意外事件不具备犯罪行为的主观罪过，不符合犯罪构成，因而我国刑法才规定意外事件行为人不承担刑事责任。

2. 精神病人的“行为”

我国《刑法》第十八条规定：“精神病人在不能辨认或者不能控制自己行为的时候造成危害结果，经法定程序鉴定确认的，不负刑事责任，但是应当责令他的家属或者监护人严加看管和医疗；在必要的时候，由政府强制医疗。”可见，精神病人的“行为”，是在其不能辨认或不能控制自己行为的情况下造成危害结果的。由于行为是在人类意志控制下所发生的，危害结果的发生必须与行为人的意志控制有着紧密的联系，而精神病人的“行为”显然不符合一般意义的行为概念，而且是脱离行为人的意志控制实施的。因此，笔者认为，精神病人的“行为”同样是一种事实，而非实质意义的行为。

可见，意外事件、精神病人的“行为”是行为人在不能辨认、不能控制自己行为的情况下实施的，虽然同样给社会造成了与犯罪行为相同的危害结果，但这种结果的发生，不是行为人主观意志支配下实施的，不是行为人辨认能力和控制能力的体现，因而不是行为，也就更加不是犯罪行为，相应地也就不能追究实施主体的刑事责任。

---

① 《现代汉语词典》，商务印书馆 2012 年版，第 1188 页。

第四章

行为概念中的“行为人”

行为首先是人的行为,是主体的行为。根据马克思主义关于人的本质的基本原理,人总是处于一定的社会关系中进行各种具体活动(行为)的。因而人既是一定社会关系的主体,又是以一定方式进行各种活动的主体。主体所处的社会关系是主体的本质,而主体所进行的活动则是主体的存在和表现形式。主体所处的社会关系的性质,决定主体行为的性质。可见,行为与主体是不能孤立或剥离开来进行考察的。行为应当是主体在一定社会关系中所进行的活动,是主体的存在和表现形式。[①] 也就是说,行为是主体的存在和表现形式,是一定主体与客体相互作用的结果,是主体特定心理状态在客观世界的展开,是主体控制或应该控制的客观条件作用于具体的人或物的存在状态的过程。行为的主体要件与行为的其他构成要件是辩证统一的,统一于行为之中。

第一节　传统刑法理论中行为的主体要件

一、行为主体与行为主体要件

首先应当明确的是,行为主体与行为的主体要件是不同意义的两个概念。行为主体是具体意义的行为人,只能存在于行为之中,是在主观意志支配下实施行为的主体。而行为主体要件只能是抽象意义的要件,是一个人成为行为主体必须具备的条件,是判断行为人是否是行为主体的标准或准则。行为主体要件可以通过行为人的生理状况、心理状况、身份、地位等各个因素来判断,并不指某个实施行为的具体的人。

传统刑法理论没有对行为进行理论上的层次划分,对于行为主体要件

① 陈忠林:《刑法散得集》,法律出版社2003年版,第241页。

的论述多以犯罪行为的主体要件展开,从具体犯罪构成与抽象犯罪构成要件入手进行阐释。当然,有的权威教科书把这个问题称为犯罪构成的认识层次,认为犯罪构成层次的内容包括特定(具体)的犯罪构成和一般(总括)的犯罪构成。“特定或具体的犯罪构成”,是就刑法所规定的成立某个犯罪所必须具备的各种主客观要件的有机统一体而言的,它以存在于特定的刑法规范中的某一个具体犯罪的犯罪构成为认识根据,是认定某一个具体犯罪的标准、规格。“一般或总括的犯罪构成”,是根据各种犯罪的成立总是必须具备这样或那样一些构成要件的特征而对所有犯罪构成模式所做的高度概括,是对所有特定犯罪构成的总括、抽象的结果。[①] 简单地说,就是具体犯罪构成与抽象犯罪构成要件的区分问题。具体犯罪构成仅限于各种具体的犯罪构成形态,通过刑法分则的具体罪状表达出来,体现具体犯罪构成的规范性;而抽象的犯罪构成要件是对各种特定的犯罪构成进行概括,撇开具体犯罪构成的各自差别,抽象出具体犯罪构成的共同特征和普遍属性(即法定性)。具体犯罪构成符合抽象的犯罪构成要件,而抽象的犯罪构成要件是从具体犯罪构成的事实中抽象归纳出来的。

二、犯罪主体与犯罪主体要件

具体到犯罪主体与犯罪主体要件来说,两者也是不同意义的两个概念,这是理论上必须区分的概念。由于犯罪构成要件是刑法规范规定的构成犯罪的抽象条件,因此犯罪主体要件也只能是抽象意义的要件。犯罪主体要件是一个人成为犯罪主体必须具备的条件,是判断行为人是否是犯罪主体的标准或准则。可以通过行为人的生理状况、心理状况、身份、地位等各个因素来判断,并不指某个实施行为的具体的人。

犯罪主体只能存在于犯罪行为之中,是达到刑事责任年龄,具备刑事责任能力的主体,是具体意义的行为主体,是在主观意志支配下实施犯罪行为的主体,包含了犯罪构成内容的主体,是具体的行为主体。当犯罪行为实施完毕,就不能再认为他是实施犯罪行为时的主体了。

可见,犯罪构成的主体要件是犯罪行为中所包含的,从主体角度说明犯罪行为的特殊本质,区分罪与非罪、此罪与彼罪特征的要件。主体要件一般包含主体的刑事责任年龄、刑事责任能力,某些特殊的犯罪构成还要求主体具备一定的身份。而刑事责任年龄和身份都是决定刑事责任能力的要素,因此可以认为刑事责任能力是犯罪主体要件的核心。

刑事责任能力是指行为人构成犯罪和承担刑事责任所必需的,行为人

---

① 高铭暄:《刑法专论》,高等教育出版社2006年版,第128页。

具备的刑法意义上辨认和控制自己行为的能力。简言之,就是行为人辨认和控制自己行为的能力。[①] 刑事责任能力的本质,是行为人行为时具备相对意志能力,即行为人实施刑法所禁止的严重危害社会的行为,具备有条件的亦相对自由的认识和抉择行为的能力。因此,刑事责任能力是行为人行为时犯罪能力与承担刑事责任能力的统一,是辨认能力和控制能力的统一。[②]

首先,辨认能力是刑事责任能力的基础。刑事责任能力中的辨认能力,是指行为人具备对自己的行为在刑法上的意义、性质、后果的分辨认识能力。就是说,行为人有能力认识自己的行为是否为刑法所禁止、所谴责、所制裁。[③] 行为人如果不具有辨认自己行为的能力,那也就谈不上控制自己的行为,当然也就谈不上承担刑事责任。我国刑法规定未达到刑事责任年龄的未成年人和不能辨认自己行为的精神病人不承担刑事责任的缘由,也就在于这两类人不具备辨认自己行为的能力。笔者认为,辨认能力主要是行为人对于自己所实施行为的性质的辨认能力。而行为人能否认识到自己行为的性质,取决于行为人能否认识决定自己行为性质的要素。如前所述,行为是行为人利用客观条件作用于行为对象的过程。行为人的辨认能力应当包括行为人对自己利用的客观条件的性质、行为对象和行为后果的认识。只有行为人对于这些决定行为性质的要素有所认识,才能认为行为人能否认识行为的性质。

其次,控制能力是刑事责任能力的关键。而刑事责任能力中的控制能力,是指行为人具备决定自己是否以行为触犯刑法的能力。[④] 行为人仅仅具备刑事责任能力并不意味着其就应当承担刑事责任,还应当考察行为人是否具备控制能力。如果行为人仅仅具备辨认能力,但由于不可抗力的原因而无法控制自己的行为,这种情况也不能要求行为人承担刑事责任。前面所述的美国刑法学者胡萨克教授的控制原则对此也做了有力的说明。

再次,就辨认能力与控制能力两者之间的关系而言,刑事责任能力的存在要求辨认能力和控制能力必须同时具备,缺一不可。辨认能力是控制能力的前提,控制能力以辨认能力为基础。行为人仅有辨认能力而没有控制能力,就意味着行为人没有选择和决定自己行为的能力;而控制能力的存在要求行为人具备辨认能力,不存在仅有控制能力而没有辨认能力的情况。总之,刑事责任能力的存在,要求行为主体辨认能力与控制能力必须齐备,两者缺一不可。

---

①②③④ 高铭暄、马克昌:《刑法学》,北京大学出版社、高等教育出版社 2014 年版,第 84 页。

第二节　行为应当具备的主体要件

行为首先是人的行为，是行为主体的存在和表现形式。因此，行为主体的辨认能力和控制能力是决定主体行为性质的前提和基础。行为主体通过对自己辨认能力和控制能力的运用，来改变具体的行为对象的存在状态，从而决定行为的性质。

一、行为主体要件的决定因素

如前所述，刑法中的行为是行为人控制或应该控制的客观条件，作用于具体人或物的存在状态的过程。行为的主体要件至少由两个因素决定：一是行为主体的辨认能力和控制能力，二是行为主体的主观能动性。对自己行为有辨认能力和控制能力的人与不具有这种辨认能力和控制能力的人，两者的行为性质有着根本的区别。

行为的主体要件以认识因素为基础，行为人认识或应该认识自己的行为及可能产生的后果，才可能控制或应该控制自己的行为。这里应当包括两个方面的内容：一是行为人的辨认能力，二是行为人的认识内容。行为人的辨认能力属于主体要件的内容，是行为人的行为是否承担刑事责任的前提和基础。如果行为人不具备辨认能力，不能认识自己的行为，无法认识自己行为的性质或后果，也就意味着其不具备刑事责任能力，因而行为人也就不承担刑事责任。而就行为人的认识内容而言，应当包括行为人是否认识到或应否认识到自己行为的性质、行为可能产生的后果以及行为与后果之间的因果关系等内容。当然，行为人的认识内容属于行为主观要件的内容，将在下文单辟一节展开论述。

行为主体要件还应当包括行为人的控制能力，具体有两个方面的内容：一是行为人是否具备控制能力，二是行为人是否有义务对其行为进行控制。行为人是否具备控制能力，是行为人是否承担行为义务的前提条件。如果行为人不具备控制能力，其主体要件也就不具备，也就不能认定其实施的是行为。典型的例子就是意外事件。虽然主体可能已经认识到自己“行为”的性质为社会或为法律所不许，但由于其不能控制自己的“行为”，从而导致危害结果的发生。由于主体要件不具备，其实施的就不是行为，而是非行为事实。而对于行为人是否有义务控制而言，笔者认为是行为的约束因素。如果行为人有义务控制行为使危害结果不发生，但行为人没有控制，从而导致危害结果发生的，行为人仍然要承担刑事责任；或者是行为人有义务控制自己不实施危害社会的行为，但采取希望或放任的态度，从而导致危害结果发

生的,也应当属于刑法调整的范畴,甚至是主要调整对象。

此外,特殊主体因特殊的刑事责任能力而负有特殊的刑事义务。行为人是否具备刑法所规定行为的辨认和控制能力,要受到主观和客观两方面的限制。从主观方面看,行为人对自己行为的辨认和控制能力首先要受到生理因素的影响。因此我国刑法规定了未满14周岁的未成年人不负刑事责任,已满14周岁未满16周岁的未成年人只对社会危害性特别严重的少数刑事犯罪承担刑事责任。同时,行为人所受的教育、训练、经历等也对辨认能力和控制能力有极大的影响。如果行为人不具有一定的专业知识,就不可能辨认和控制属于专业范围的行为;从客观方面而言,行为人的辨认和控制能力要受到自己所处的社会关系的限制。行为人只有处于一定的社会关系中,才可能具有对某种行为的认识和控制能力,特别是对控制能力而言。所谓特殊主体,是相对于一般主体而言,主体处于特殊的社会关系中,因而具有对特殊行为的辨认和控制能力。由此可见,行为应当是主观与客观的统一,行为的主体要件的地位尤为重要。

二、行为主体要件的深层次分析

我国传统刑法理论认为,刑事责任能力是判断行为人是否应承担刑事责任的关键标准。行为的主体要件应当包括两个方面的要素,即行为人的辨认能力和控制能力。要深入分析行为的主体要件,首先就应当区分行为人的辨认能力和刑事责任能力。那么,行为人的辨认能力与行为人的刑事责任能力之间是何关系,两者能否等同呢?

首先,笔者认为行为人的辨认能力和刑事责任能力是两个不同的概念。所谓行为人的辨认能力,是指行为人认识自己行为的性质、行为结果以及行为的发展过程的能力。而刑事责任能力,是指行为人构成犯罪和承担刑事责任必需的,行为人具备的刑法意义上辨认和控制自己行为的能力,简言之,刑事责任能力就是行为人辨认和控制自己行为的能力。[①] 刑事责任能力不仅包括行为人的辨认能力,还包括行为人的控制能力。辨认能力是刑事责任能力的基础,控制能力是刑事责任能力的关键。行为人如果不具有辨认自己行为的能力,那也就谈不上控制自己的行为,当然也就谈不上承担刑事责任。而辨认能力主要是行为人对于自己所实施的行为性质的认识能力。而行为人能否认识到自己行为的性质,取决于行为人能否认识决定自己行为性质的要素。行为人对于自己行为的辨认能力包括行为人对自己所

---

① 高铭暄、马克昌:《刑法学》,北京大学出版社、高等教育出版社2014年版,第84页。

利用的客观条件的性质、行为对象的性质的认识能力和行为结果的预见能力。[①] 我国刑法理论认为,刑事责任能力包含辨认能力和控制能力。辨认能力是刑事责任能力的一个方面的内容,所谓刑事责任能力中的辨认能力,是指行为人具备对自己行为性质在刑法上的意义、性质、后果的分辨认识能力。就是说,行为人有能力认识自己的行为是否为刑法所禁止、所谴责、所制裁。[②]

其次,就行为人的辨认能力来说,只有主体具备认识和控制自己行为性质的能力,才能够运用这种能力主动地认识周围的事物,并在自己认识客观事物的基础上,按照自己的需要去影响、改变自己所认识的事物,把自己对客观事物的认识和自己的需要变为客观现实,使自己的行为及其结果成为行为人运用自己的辨认能力和控制能力的结果,此即人们所说的主观能动性。如果行为主体不具备认识和控制自己行为的能力,其身体动作就不受其主观意志的支配,自然谈不上主观能动性,因而也不是行为,更不是犯罪行为,相应地也不应承担刑事责任。申言之,只有对刑法所禁止的行为具有辨认能力和控制能力的人才可能承担刑事义务。刑事义务存在的前提就是承担刑事义务的主体能够按照刑法的要求不去实施为刑法所禁止的行为。这就是说,行为人首先应当认识到自己行为的性质、利用客观条件的性质以及行为的后果。

再次,行为人应当还具备控制自己行为的能力,能够控制自己不实施刑法所禁止的行为,而实施的行为人没有履行刑事义务,应当承担刑法所规定的刑事责任。以刑法中行为的最主要表现形式——犯罪行为为例,犯罪主体只能是犯罪行为时的主体,脱离了当时的特定环境,我们就不能认为行为人是犯罪主体。基于此,我们才认为犯罪行为是犯罪主体的存在和表现形式。犯罪主体的刑事责任能力是判断行为能否控制或应该控制的标准。只有行为主体具备刑事责任能力,而且有控制能力,才能认定行为主体是犯罪主体。犯罪主体实施犯罪行为的过程,是行为人在认识自己行为性质的基础上,用这种认识来控制自己行为性质的过程,应当以行为人有辨认能力和控制能力为前提。

最后,就行为主体本身来说,由于受社会的不同影响,不同的个人可能用不同的方式来满足自己的需要。当个人满足需要的方式与社会的需要一致时,个人为了满足自己的需要,运用自己对于行为的辨认能力和控制能力

---

① 陈忠林:《刑法散得集》,法律出版社 2003 年版,第 245 页。

② 高铭暄、马克昌:《刑法学》,北京大学出版社、高等教育出版社 2014 年版,第 84 页。

的方式就会对社会产生积极的影响，如刑法中的正当防卫、紧急避险。从社会利益的角度，我们称这种主观能动性为积极的主观能动性。对于满足个人需要与社会需要一致的行为方式，由于对社会产生积极的影响，刑法赋予行为人实施这种行为的权利。但如果个人满足需要的方式与社会的利益相冲突，个人为满足需要而运用对于自己行为的辨认能力和控制能力，就会破坏社会的稳定，对社会产生消极的影响，我们称这种主观能动性为消极的主观能动性。行为所造成的社会危害就是这种消极的主观能动性的体现。当刑法所保护的对象进入行为人认识和控制的范围时，如果行为人以消极的方式来满足自己的需要，就会对刑法所保护的对象带来危害，破坏刑事法律所维护的社会秩序。如果不用规定刑事义务的方式来禁止这些行为，势必从根本上威胁到统治阶级赖以生存的条件。因此，必须用一定的方式使对于自己的行为有认识和控制能力的人不去实施刑法所禁止的行为。而让实施了刑法所禁止行为的人承担刑事义务是维护社会秩序而必须采取的措施。

三、行为主体要件的多角度分析

首先，从社会关系角度来看，行为的主体要件是行为人承担刑事义务的条件。主体要件在刑法中行为中的存在，说明了行为人是承担刑事义务的主体，这种主体活动是刑法所设定的统治关系——刑事法律关系的表现形式。所以行为的主体要件从该行为所体现的社会关系的角度，揭示了该行为不同于其他行为的特殊本质。

其次，从行为性质的角度来看，主体的不同，也就决定了行为性质的不同。以犯罪行为为例，犯罪行为是违反刑事义务的行为，犯罪行为的主体要件是行为人承担刑事义务的条件。犯罪主体只可能是承担刑事义务的人，因而犯罪行为的主体要件又是从主体角度区别犯罪行为与其他行为的标志。构成行为的各个要件是有机统一的，任何一个要件的改变，也就意味着具体行为性质的变更。从此种意义上说，主体的不同，也就决定了行为性质的不同。

再次，从行为构成要件的角度来看，只有从主体要件出发，也就是从行为人的辨认能力与控制能力出发，才能准确查明行为的其他构成要件，继而决定行为的性质。由于刑法只能调整行为人辨认和控制范围内的行为，刑法中的行为也只能是行为人运用自己的辨认能力和控制能力的结果，换言之，刑法中的行为也只可能是行为人的辨认能力和控制能力的表现形式。所以刑法中行为中所包含的各种因素，最终只能从行为人的辨认和控制能力，即只有从行为的主体要件出发才能得到解释。具体而言，如果不查明行为人的辨认能力，就无法说明行为人是否认识到自己行为的性质、是否认识到行为可能发生危害社会的结果，也就是说，行为人具有辨认能力意味着行为人可能明知或已经预见或应当预见到自己行为的性质以及行为可能造成危害社会的后果，因此也就无法确定犯罪行为人的主观要件；如果不查明行为人的控制能力，就无法说明危害结果的发生是否是行为人无法预见或无法抗拒的，因而也就无法确定行为客观方面的范围和行为的客观性质。

第三节　行为主体要件与其他构成要件的辩证关系

首先，行为主体要件的成立，取决于行为其他要件的成立。必须强调的是，行为是一个有机整体，行为的主体要件、主观要件、客体要件以及客观方面的要件不能单独剥离。因此，仅仅作为犯罪行为客观性质的“危害行为”是不可能作为实体意义的行为而存在的。所有构成要件共同决定行为是否成立，而并不存在所谓行为形式上符合构成要件，而实质上不具有社会危害性，因而不是犯罪行为的情况。对于正当防卫而言，正是由于主观要件不具备，因而主体也就不可能为犯罪主体，客观方面也不具有社会危害性，也没有侵犯刑法所保护的具体的人或物或其体现的社会关系。原因就在于行为的成立意味着所有行为构成要件的成立，因此行为主体要件的成立，取决于行为其他要件的成立。同时，行为主体要件的成立，也同样意味着行为整体的成立。笔者认为两者是互相决定、互为前提的。

其次，只有行为人实施行为时的刑事责任能力才是行为的主体要件的构成因素。仍以犯罪行为为例，由于犯罪行为的主体要件只存在于犯罪行为中，因此只有实施犯罪行为时的行为人才能叫作犯罪主体，只有实施犯罪行为时的行为人的刑事责任能力和刑事责任年龄才能作为犯罪主体要件的构成因素。而行为人在行为前和行为后的刑事责任能力和刑事责任年龄都不能作为犯罪主体要件的构成要件。因此我国刑法规定“间歇性的精神病人在精神正常时犯罪的，应当承担刑事责任”。有些学者将犯罪行为的主体要件定义为“实施了犯罪行为的人”或“依法应对自己的犯罪行为负刑事责任的人”，笔者认为这种定义是值得商榷的。因为以上两种提法都是指实施了犯罪行为以后的人，而实施了犯罪行为后所进行的活动不一定就是犯罪活动，这时的行为主体只是他们当时所进行的活动的主体，而不能说就是犯罪主体。因此，只有行为人实施犯罪行为时的刑事责任年龄和刑事责任能力才是犯罪行为的主体要件的构成因素。

再次，不同行为的主体要件应当具有不同的内容。对于犯罪行为来说，由于犯罪行为的主体要件只能存在于犯罪行为之中，行为人包含于犯罪行为之中的辨认和控制能力是对具体犯罪行为的辨认和控制能力。因而在具体的犯罪构成中，特别是具体的犯罪行为中，不同的犯罪行为具有不同的主体要件，而不同的主体之间的辨认和控制能力也是不同的。对于行为人在睡梦中的“行为”以及行为人在身体受强制下所为的“行为”，行为人在“行为”时要么是不能辨认或认识到自己行为的性质，要么是不能控制自己不为一定的“行为”，因此他们都不是行为人辨认能力和控制能力的表现形式，因而这些“行为”的主体要件不能认为是犯罪行为的主体要件，这些“行为”也就不是实质意义的行为，而是非行为事实。

第五章

行为概念中的"控制或应该控制"

目前刑法理论对行为主观要件还没有统一的认识。现有刑法理论将行为的主观要件概括为有意性、目的性或行为人的意志或意识,却导致诸如过失犯罪的行为性、不作为犯罪的行为性等一系列难题的出现,对行为概念主观要件的重新定性也就在所难免。

第一节 我国刑法理论中行为的主观要件

行为的主观要件是行为概念的核心,是对行为概念重新诠释的重中之重。大陆法系国家四大行为理论正是由于对行为概念主观要件的定义不够准确而出现这样或那样的难题,如此对刑法中的行为重新诠释也就不可避免。我国刑法理论对行为概念的主观要件定性目前没有统一认识,具体存在以下几种观点:通说观点认为,行为的主观要件是指行为人的意思决定、意思活动或者行为人的意志和意识;[①] 还有学者认为,行为的主观要件是指意志自由。[②] 对于以上观点笔者持不同意见。

首先,行为的主观要件不能认为是行为人的意思活动或意思决定。因果行为论主张,作为行为要素的"意思"完全是"无色彩"的。只要行为人有某种"意思"并为实现该"意思"而发动其身体运动,且使外界发生变动时,就是行为。至于行为意思的内容如何,乃在行为概念之外,属于责任范畴。由于它着眼于因果系列的必然过程,所以批评者指责其对行为的见解,不过为盲目的因果过程而已,并未揭示行为的真正实质。[③] 因此,行为的有意性与犯罪主观罪过内容是不能分离的。对此,台湾著名刑法学家洪福增先生有

---

① 高铭暄、马克昌:《刑法学》,北京大学出版社、高等教育出版社 2000 年版,第 68 页。

② 洪福增:《刑法理论之基础》,刑事法杂志社 1977 年版,第 37 页。

③ 陈兴良:《刑法哲学》,中国政法大学出版社 1992 年版,第 56 页。

过精辟论述。他指出:"人之意思,系利用并支配其人自己之身体或道具或他人之物理力,以实现其意思活动,而对于外界赋予影响者……意思非仅指单纯的意欲而言。意欲虽系要求并愿望一定的外界变动或赋予外界影响之心理的活动;然意欲本身关于实现其要求及愿望之方法以及可能性并无所知,对意欲告知此方法及可能性者,乃基于理性或智能之作用……总之,由意思活动所支配,操作之身体动作,必须在行为者已经预见或已经计划到之范围内,而后始能具有行为之性质"。[①] 因此,笔者认为,所谓行为的主观要件指的是行为人控制或应该控制自己的行为的心理态度,既包括故意、过失,也包括罪过以外的动机、目的等内容。

其次,行为的主观要件不能认为是"故意或过失"的心理态度。日本刑法学者大塚仁教授认为,行为的"有意性",可以说是指作为单纯心理现象的意思。在这个立场上,发动于外界的行为人的身体活动和伴随的外界变更就被视为行为的中心要素,主导行为的行为人的内心问题主要被理解为责任论中的故意或过失。[②] 可见,按照大塚仁教授的观点,行为的有意性是单纯的心理现象,在构成要件的符合性中讨论,而故意或过失是行为人的主观心理态度,是在责任论中应当考虑的内容。这样,将行为的有意性视为空洞无物的概念,使意识与意识的内容相分离。而故意或过失仅仅是行为人的罪过心理态度,仅指罪过行为,而刑法中的行为是一般意义的行为概念,除了犯罪行为以外,还包括正当行为、精神病人的行为等行为。显然,将行为的主观要件定性为故意或过失的心理态度的观点,站在了将刑法中的行为与犯罪行为相等同的错误立场。

再次,行为的主观要件不宜用"意志自由支配"表达。按照马克思主义相对意志自由观,意志自由只是对必然的认识和在行动中对必然的驾驭。[③] 实施行为的人的相对意志自由,进一步说是实施行为的人的主观能动性与社会性,只是刑事责任的哲学根据,[④] 在西方刑法理论中称为有责性根据,而有责性根据是在责任论中考虑的问题,作为行为的主观要件,没有存在的意义。对于我国刑法理论而言,行为的主观要件同样不能用"意志的自由支配"来概括,原因就在于"意志"的具体内容不明确,如何自由支配也不好确定,不能将主观要件理解为静态的、纯主观的内容,而是应当作为动态的过程,能够反映一定的客观现实的主观要件来理解。因此,行为的主观要件概

---

① 洪福增:《刑法理论之基础》,刑事法杂志社 1997 年版,第 37 页。

② 大塚仁:《刑法概说 · 总论》,冯军译,中国人民大学出版社 2003 年版,第 96 页。

③ 马克昌:《犯罪通论》,武汉大学出版社 1999 年版,第 152 页。

④ 黎宏:《论刑法中的行为概念》,载《中国法学》,1994 年第 4 期。

括为“意志的自由支配”似乎并不合适。

第二节　行为主观要件的重新确立

由于大陆法系的行为理论在行为的主观要件方面存在着诸多争议，我国现有的刑法理论关于行为主观要件的意见也不统一，导致犯罪论体系中一系列问题难以得到解决，对行为概念的主观要件进行重新定性也就势所难免。

一、行为主观要件的含义

按照《现代汉语词典》的解释，“认识”一词有两层含义：一是能够确定某一人或事物是这个人或这个事物而不是别的；二是指人的头脑对客观世界的反映，例如感性认识和理性认识。① 而针对行为人对自己行为性质的认识状况而言，应当是第二种含义，即人的头脑对客观世界的反映。同样的，“控制”一词也有两层含义：一是掌握住不使任意活动越出范围；二是使处于自己的占有、管理或影响之下。② 可见，“控制”是体现主体对事物发展过程的掌控，使行为对象处于自己的掌控范围内。“应该控制”则是指行为人的控制义务，行为人有义务使自己的行为处于刑法允许的范围内，有义务不为刑法所禁止的行为。可见，行为是主体自由意志选择的结果，是主体认识能力和控制能力的具体体现。行为就是主体使行为掌控在自己意志的范围内，使行为的发展过程处于自己的控制范围内。因而，主体的行为过程，是将主体的认识能力和控制能力具体化为有一定内容的心理状况，并在这种心理状况的支配下控制自己行为性质的过程。行为是主体特定心理状态在客观世界的展开，是主观要件的现实化。

首先，行为的主观要件不是简单地认为是行为人的意志或意思，视为单纯的心理现象，在构成要件的符合性中讨论，而把故意或过失视为行为人的主观心理态度，在责任论中考虑。可见，主观要件不应是空洞无物的概念，而是有着具体内容的能够反映客观现实的心理状态。而且，传统刑法理论之所以对主观要件定性不准确，问题的根源在于对主观要件的意志因素界定得不准确。那么，主观要件的意志因素应当怎样界定呢？能否界定为行为人对行为“控制或应该控制的心理状态”呢？笔者认为，行为人对行为的认识状况和控制状况是行为主体认识能力和控制能力的具体化。主观要件

---

① 《现代汉语词典》，商务印书馆 2012 年版，第 1095 页。

② 同①，第 744 页。

与主体要件密不可分，主体要件是主观要件的成立前提，行为人必须在具备认识能力和控制能力的基础上，才可能掌控自己的行为，使行为在主观意志的支配下发展。如果行为人的主体要件不具备，就谈不上行为人的主观要件。完全丧失辨认能力和控制能力的精神病人的"行为"即为典型例子。由于精神病人不具备认识能力和控制能力，其行为也就不可能在其主观意志支配下实施，也就不能控制自己的行为。因而精神病人的"行为"不是行为，而是刑法评价的非行为事实。而对于行为主体的认识能力和控制能力欠缺的情况，主体的主观要件也不可能与完全具备刑事责任能力的主体的主观要件相符。因而，对于相对刑事责任年龄时期的行为人，只在其能够认识到的主观罪过范围内承担刑事责任。

其次，行为人认识和控制自己行为性质的心理状态，能够支配行为的发展过程。传统刑法理论认为，行为是行为人主观意志支配下实施的身体举动，承认主观意志能够支配行为的发展过程，但主观意志究竟为何物却难以准确界定。确切地说，行为应当是在行为人控制或应该控制的心理状态支配下实施的。所谓行为人认识和控制自己行为性质的心理状态，是指行为人认识到或应该认识到行为的性质、行为的对象及行为的结果，并掌控行为发展过程的心理状态。"控制"一词的本来意义，就是使行为处于自己掌握的范围内，处于自己的占有、管理、影响下。主体的认识状况包括行为人对自己行为的性质、行为的结果以及行为的发展过程的认识，是以具体的行为的客观性质、行为对象和行为结果的性质为内容的。具体到犯罪行为而言，就应以刑法所要求的具体的犯罪行为的客观性质、对象特征和结果性质为内容，必须是刑法所要求的具体的认识状况，否则就不是犯罪行为，也就不能发挥其区分犯罪行为与其他行为的界限的机能。而控制状况则是行为的意志因素，是行为人主观上对自己行为的控制状态。我国刑法规定，构成故意犯罪要求行为人主观上必须具备"希望或放任这种结果发生"的心理状况，是将主观认识转化为客观现实的心理活动。

再次，行为是主观要件的现实化，是主体心理状态在客观世界的展开。主体对于自己行为的控制状态，将主体认识状态中的主观内容转化为客观现实，包含于主体认识状态中的行为客观方面的特征，也转化为客观的、现实的行为的客观特征。[①] 因此，行为是主体心理状态在客观世界的展开。

二、行为主观要件的要素

行为概念的核心是"控制或应该控制"，行为主观要件体现为行为人认

---

① 陈忠林：《刑法散得集》，法律出版社 2003 年版，第 261 页。

识和控制自己行为性质的心理状态,包括行为人对行为的认识状况和控制状况两个方面的内容,也即行为主观要件的认识因素和意志因素。

(一)行为主观要件的认识因素

行为的主观要件以认识因素为基础,包括两个方面的内容:一是行为人的认识能力;二是行为人的认识内容。行为人的认识能力是行为人是否承担刑事责任的前提和基础。如果行为人没有认识能力,不能认识自己的行为,无法辨认自己行为的性质或后果,也就意味着其不具备刑事责任能力,因而行为人也就不承担刑事责任。[①] 行为人能够认识或应该认识自己行为的性质及可能产生的后果是控制自己行为的发展的前提。同时,行为人的认识能力方面的因素,又有些行为主体要素的色彩,这当然与犯罪构成各要件之间的紧密联系分不开。行为是各要件的有机统一体,不可能有着严格的界限区分,而是各个要素紧密联系、相辅相成、共同构成行为的整体。就行为人的认识能力而言,可以从年龄、生理状况与精神状况等多个方面进行考察。而就行为人的认识内容而言,应当包括行为人是否认识到或应否认识到自己行为的性质、行为可能产生的后果以及行为与后果之间的因果关系等三个方面的内容。

1. 行为人对自己行为性质的认识

行为人应当对自己行为的自然性质、社会性质以及行为对象有一定的认识。行为人对自己行为"自然性质"的认识,主要是指行为人对自己实施行为的手段或方法的认识,即行为人能够认识到或应该认识到自己实施行为的手段与方法,认识到自己行为的自然属性,而不包含价值评价或规范评价的内容;对行为"社会性质"的认识,是指行为人对于自己行为的社会属性,即是否具有社会危害性的认识;对行为对象的认识,是指行为人能够认识到或应该认识到自己实施行为所针对的对象。对于刑法中行为主观要件中的认识内容的理解,现举例说明。譬如故意杀人罪,行为人必须认识到自己的行为在客观上具有能杀死人的性质(行为的自然性质);自己的杀人行为是为社会所否定的,具有社会危害性的行为(行为的社会性质);自己行为的对象是有生命的人,行为针对的是被害人的生命权,通过改变对方有生命的状态来实现杀人的犯罪目的。

值得强调的是,行为人对自己行为性质的认识,是否应包括行为人对自己行为的社会性质的认识,也就是对自己行为是否具有社会危害性的认识,理论界存在着争论。有学者认为,行为的主观要件中不应包含对行为社会

---

① 这里的认识能力与刑法理论中的刑事责任能力并非完全等同,两者的范畴也不相同。刑事责任能力可以包括行为人的认识能力,还应当包括行为人的控制能力。

危害性的认识，“只要考察该身体活动是否出于一般意义的意识即可”。[1] 笔者认为，行为人的认识状态的内容应当包括行为人对社会危害性的认识，行为人在行为时应当认识到自己的行为是否是具有社会危害性的行为。应当明确的是，行为主观要件中对社会危害性的认识，并不仅仅局限于犯罪行为，对于正当行为的行为人，其主观要件中也应当包含对其行为是否具有社会危害性的认识，只是行为人认识到自己的行为是没有社会危害性，即对社会有益的行为而已。具体而言，行为人对于自己行为的社会属性——社会危害性的认识，是行为人认识状况中必须具备的内容。因为我国刑法明确规定行为人的主观罪过的内容是行为人“明知”“已经预见”或“应当预见”到“自己的行为会发生危害社会的结果”。由此可知，行为人的主观罪过中应当包括对行为社会危害性的认识。如果行为人在行为时确实无法认识到自己的行为具有社会危害性，就不能认定行为人具有主观罪过。

同样的道理，对于正当防卫、紧急避险等行为来说，由于行为人认识到自己的行为不具有社会危害性，因此行为人不具有主观罪过，该行为不符合犯罪构成，因而也就不是犯罪行为。而对于此类行为认为形式上符合犯罪构成，而实质上不具有社会危害性的观点是孤立地、片面地看问题。如果行为人在行为时确实无法认识到自己的行为具有社会危害性，“法律不能强人所难”，就不能认定行为人具有主观罪过。但如果行为人应该认识到自己的行为具有社会危害性，而由于疏忽大意没有认识到的，也应当追究行为人的刑事责任，根据就在于行为人对行为的社会危害性应该认识而没有认识。可见，社会危害性的认识应当是行为主观要件的必备内容。

2. 行为人对于自己行为结果的认识

行为人对于自己行为结果的认识，同样包括对于行为结果自然属性的认识和社会属性的认识。对于行为结果自然属性的认识，主要是指行为会发生何种后果，是一种客观评价，而不包含价值评价的内容。而对于行为社会属性的认识则应当包括价值评判的内容，涉及行为的后果是否为社会所认可、为法律所禁止。例如在故意杀人罪中，行为人能够认识到自己的行为会造成他人死亡的危害结果应当是对行为结果的自然属性的认识，而行为人知道死亡结果是为刑法所禁止、社会所否定的，则是对行为结果社会属性的认识。对于成立故意杀人罪，既要求行为人能够认识到自己行为结果的自然属性，即行为会导致他人的死亡，也要求行为人能够认识到自己行为结果的社会属性，即杀人行为造成他人死亡的结果为社会所不允许。从客观评价的角度来讲，行为人要认识到自己行为结果的自然属性；从价值评判的

---

① 张明楷:《刑法学》，法律出版社 2003 年版，第 149 页。

角度,行为人要认识到行为结果的社会属性,是否为社会所允许、为法律所禁止。

3. 行为人对自己行为与结果之间因果关系的认识

行为人不仅能够或应当认识到自己行为的性质与行为结果,还应当认识到行为与结果之间的因果关系,行为结果就是由自己的行为引起的,即认识到自己行为的发展过程。以故意犯罪行为为例,行为人“明知自己的行为会发生危害社会的结果”,意味着行为人必须认识到自己行为的性质、行为的对象,行为结果为社会所否定;行为人认识到危害社会的结果是自己的行为所引起的,并为社会不认可、法律所禁止;行为人知道自己行为发展过程就是危害社会的结果的发生过程,即行为与结果之间有着因果联系。而在过失犯罪中,对于过于自信的过失犯罪而言,是行为人已经认识到自己的行为会发生危害社会的结果,但由于过于自信,要么是过高估计自己的能力,要么是过低估计客观条件所造成的结果,从而导致危害结果的发生。而对于疏忽大意的过失犯罪而言,行为人对于自己的行为是应当认识到以上三个方面的内容,但行为人因为疏忽大意并没有认识到,从而导致危害社会的结果的发生。

(二)行为主观要件的意志因素

行为人对自己行为的认识状态只是犯罪主观要件中的一个方面,而犯罪构成的另一个方面就是行为人对于自己行为的控制状态。控制状态的主要内容也就是犯罪主观要件中意志因素的内容,具体是指行为人主观上对自己行为的控制状态。[①] 为了便于理解,笔者认为还是称之为意志因素较为合适。行为人的意志因素,应当以认识因素为基础,在行为人认识到自己行为性质、行为对象以及行为结果的基础上,对行为的发展过程控制或应当控制的心理状态。这是与其他行为概念的重要区别,也是用以解决一系列犯罪论问题的关键因素。例如在意外事件或不可抗力的情形下,行为人虽然已经认识到自己行为的性质,但由于无法控制或不能控制,从而导致危害结果的发生,因此不能认定意外事件或不可抗力为刑法中的行为。而对于行为人的控制义务而言,笔者认为是行为的约束因素。如果行为人有义务控制自己的行为使危害结果不发生,但行为人没有控制,从而导致危害结果发生的,行为人仍然要承担刑事责任,这也是不作为承担刑事责任的原因之所在;或者是行为人有义务控制自己不实施危害社会的行为,但采取希望或放任的态度,从而导致危害结果发生的,也应当属于刑法调整的范畴,甚至是

---

① 陈忠林:《刑法散得集》,法律出版社 2003 年版,第 259 页。

刑法调整的主要行为形式。

主观要件的意志因素应当是关键因素，决定行为的性质。

首先以故意犯罪为例，我国刑法规定，构成故意犯罪要求行为人主观上必须具有“希望或放任这种结果发生”的心理状态，而这种心理状态实质上就是行为人主观上对自己行为的控制状态。作为罪过内容的“希望”与“放任”是犯罪主体将犯罪意识转化为客观行为的活动。这里所谓的“希望”，就是行为人在认识自己行为性质的基础上利用自己对行为的控制能力，把自己的行为控制在自己对行为性质的认识范围内，即有意识地控制自己行为的手段、方法，使其具有某种客观性质，并将其指向自己所认识到的犯罪对象，使自己的行为按照自己的意愿转化为客观现实，从而导致了危害结果的发生。[①] 简而言之，行为人在明知自己行为的性质、行为的结果及行为与结果之间的因果关系的基础上，通过积极地利用客观条件（包括行为的手段或方法等）控制自己的行为，从而达到危害结果发生的目的，这样的心理状态可以称之为“希望”。而所谓的“放任”，则是指行为人在已经认识到自己行为方法、手段的性质和自己行为所指向的对象会导致危害结果的发生，并且行为人在行为过程中能够改变自己行为的手段、方法的客观性质指向目标的情况下，行为人有意识地不运用对自己行为的控制能力，不设法阻止自己对于行为性质的认识转化为客观现实的心理状态。[②] 简而言之，就是行为人在认识到自己行为性质、行为结果以及行为与结果之间的因果关系的基础上，有意识地控制自己，不履行阻止危害结果发生的义务，从而导致危害结果现实发生的心理状态。值得注意的是，作为犯罪构成主观罪过的“希望”和“放任”，不是静态的纯主观的行为人对危害后果的心理态度，而是有一定控制对象和控制内容的、动态的、能动的心理活动。通过行为人对行为对象的控制过程，已不仅仅是行为人内在的心理活动，而是使主观转化为客观并作用于客观的桥梁。

其次，对于过失犯罪而言，行为人对于自己行为的控制状态在过失犯罪中采取了较为曲折的形式。因为在过失犯罪中犯罪结果都是在行为人有某种认识错误的情况下发生的。过于自信的过失犯罪的实质在于行为人已经认识到自己的行为会发生危害社会的结果，但由于过于自信，要么是过高估计自己的能力，要么是过低估计客观条件所造成的结果，从而导致危害结果的发生。其根本原因在于行为人没有准确运用自己对行为的控制能力，虽然认识到危害结果可能发生，但由于过于自信，从而导致对自己行为的失控，以致危害结果的实际造成。而对于疏忽大意的过失行为，则是行为人应

---

①② 陈忠林：《刑法散得集》，法律出版社 2003 年版，第 259 页。

当认识到自己行为的性质、危害结果以及行为与危害结果之间的因果关系，但由于疏忽大意而没有认识到，从而无法控制危害结果的发生。追究疏忽大意的过失犯罪的根据也就在于行为人应该控制而没有控制的意志因素上。

笔者认为，越是在过失犯罪中，行为人对于自己行为的控制能力就越发显得重要。无论是行为人轻信犯罪结果能够避免还是行为人对结果的发生未能预见，都是行为人在认识自己行为性质时未能按照刑法的要求正确控制自己去认识行为的性质的结果。在疏忽大意的过失中，就是由于行为人没有正确运用自己的控制能力，对危害结果的发生应当预见而没有预见，从而发生了危害社会的结果。如果行为人正确运用自己的控制能力，就会正确认识到自己行为的性质，从而也就不会导致以后行为的失控状态。而对于过于自信的过失而言，也是由于行为人过于自信，导致自己行为的失控，进而发生危害社会的结果。没有按照刑法的要求去控制自己认识行为的性质，是追究过失犯罪行为的原因所在。

第六章

行为概念中的“客观条件”与“过程”

传统刑法理论认为，行为的客观要件应当概括为“身体动静”或“身体举动”，但却难以解决目前刑法理论中存在的诸如不作为的行为性、狭义共犯的行为性等难题。笔者认为，刑法中的行为应当定性为行为人控制或应该控制的客观条件，作用于具体的人或物的存在状态的过程。行为概念中的客观要件应当是“控制或应该控制的客观条件作用于行为对象的过程”。行为客观要件的关键词是“客观条件”与“过程”，这也是与传统行为概念的显著区别。

行为之所以是行为就在于能够引起外界的变化。如果仅仅体现行为人的目的性而没有引起外界的任何变化是不能被称为行为的。行为的实施过程也就是引起外界发生变化的过程，而发生这种改变是主体通过控制客观条件的属性来实现的。行为是主体在认识自己行为性质的基础上，控制或应该控制的客观条件作用于行为对象，使主体认识状态中的主观内容转化为客观现实的过程，这就是行为的客观要件。

第一节　行为客观要件重新确立的必要性

无论是大陆法系还是我国刑法理论，都将行为的客观要件归结为“身体的动静”。一般认为身体的“动”即积极的身体活动，表明的是作为的行为方式；而身体的“静”即身体的消极静止，表明的是不作为的行为方式。同时又说明不作为并非绝对意义的身体静止，提出在某些不作为犯罪中行为人往往具有积极的身体活动，可见将行为的客观要件归结为“身体动静”难以自圆其说，不作为的行为方式就是难以逾越的难题。

以不作为犯罪的典型罪名逃税罪为例，根据我国《刑法》第二百零一条的规定，所谓逃税罪，是“纳税人采取伪造、变造、隐匿、擅自销毁账簿、记账凭证，在账簿上多列支出或者不列、少列收入，经税务机关通知申报而拒不申报或者进行虚假的纳税申报的手段，不缴或者少缴应纳税款”达到法定数额的行为。逃税罪只能由不作为形式构成，即行为人有依法履行向国家交纳税款的特定法律义务，能履行而不履行而构成犯罪。可见，作为典型的不作为犯罪代表的逃税罪，在客观方面却表现为行为人涂改账本、销毁账册的积极行为，而不是消极的身体静止。由此可见，以消极的身体静止来解释不作为的行为性似乎有些牵强。

从社会价值的角度，能否对不作为的行为性进行解释呢？我国刑法理论的通说认为，不作为之所以与作为一样同属于危害行为，同样可以成立犯罪，归根结底在于不作为是“应为而不为”，它与作为在侵害一定的社会关系这一点上是相同的（具有同等的否定性价值）。①

笔者认为，从社会价值的角度对不作为的行为性进行解释有其可取之处，不作为与作为一样，对法益造成了侵害，因而也构成犯罪。问题在于，仅仅是从价值论的角度对不作为进行的解释，似乎仅回答了追究不作为行为刑事责任的根据，而没有从正面回答不作为的行为性究竟体现在何处。既然承认不作为并非绝对意义的身体静止，那么用身体的“静”即消极的身体静止来概括不作为的行为方式就不全面。同样，依照现有的行为概念，对于解释诸如帮助犯、教唆犯等问题也存在着困难。帮助犯、教唆犯并未亲身参与犯罪，为何追究其刑事责任？其行为性体现在何处呢？笔者认为，问题的根源还是在于对刑法中行为的定性不准确造成的，如果采用传统的行为概念，对于不作为犯罪的行为性问题、狭义共犯人追究刑事责任的根据等难题，都得不到圆满的令人信服的解释。由此可见，仅从行为的客观要件而言，对刑法中的行为进行重新诠释也就在所难免。

第二节　行为客观要件的要素

一、犯罪客观方面的“行为”

要研究行为的客观要件，首先应当区分犯罪客观方面的“行为”②与其他几个相近概念。这个是理论上必须明确的前提。

---

① 高铭暄、马克昌：《刑法学》，北京大学出版社、高等教育出版社 2014 年版，第 66 页。

② 犯罪客观方面的行为，也即我国刑法理论中的危害行为。

(一)犯罪客观方面的行为要素

我国刑法理论认为,危害行为即专指作为犯罪客观方面的要件的行为。[①] 在此意义上,传统刑法理论认为犯罪客观方面的行为与危害行为两者是等同的。笔者也认为两者在内涵上是等同的,但并不赞同传统的危害行为的称谓。具体理由如下。

第一,危害行为的外延远远大于犯罪客观方面的行为要素。顾名思义,危害行为是对社会有危害性的行为,并不仅仅局限于犯罪客观方面的行为。例如民事违法行为、行政违法行为,甚至紧急避险行为等都是对社会有危害的行为。由此可见,一般意义的危害行为的外延整体要大于犯罪行为。

第二,危害行为既然是对社会具有危害性的行为,应当是主观方面与客观方面的有机统一。而犯罪客观方面的行为要素仅仅指的是犯罪行为的客观方面的性质,完全剥离了主观要件,不可能作为实体意义的行为而存在。

基于以上两个理由,笔者认为,为了区分作为犯罪客观方面的行为要素与对社会有危害的行为,应当将传统的危害行为的称谓修正为“犯罪客观方面的行为要素”。

(二)犯罪行为

犯罪行为不仅包括犯罪行为中作为犯罪构成的客观方面的要件、主体要件、主观方面的要件以及客体要件,还包括一些不能作为犯罪构成要件的其他因素,例如主体的社会关系、与被害人的亲疏关系、作案的方法手段等。这些因素与犯罪构成的要件共同构成犯罪行为的整体。犯罪行为是主客观方面结合的有机统一体,剥离主观或客观方面因素的都不能称之为犯罪行为。而作为犯罪客观方面的行为要素,由于剥离主观方面要素而不是实体意义的行为,其实质是犯罪行为的客观性质。

(三)与犯罪行为客观性质相似的“行为”

与犯罪行为客观性质相似的行为具体有两种表现形式:一是给社会造成了与犯罪行为相同损害结果的行为。例如我国刑法规定的意外事件、精神病人的行为等。这些行为都造成了危害社会的后果,与犯罪行为类似。但这些危害结果都是由于行为人不能预见、不能抗拒或不能控制的原因造成的,不是行为人对自己行为辨认能力和控制能力的体现,因而这些行为只是与犯罪行为客观性质相似的行为,而不能作为犯罪行为。二是在客观方面与犯罪行为类似,行为人也能辨认和控制自己的行为,但行为人主观上具

---

① 高铭暄、马克昌:《刑法学》,北京大学出版社、高等教育出版社 2014 年版,第 63 页。

有与犯罪行为不同的内容,因此这些行为不仅不是犯罪行为,反而是对社会有益的行为。例如刑法中规定的正当防卫、紧急避险等。这些行为与犯罪行为在客观性质方面有类似的地方,但两者的区别在于主观方面的不同,因此这些行为不能作为犯罪客观方面的"行为",两者应当区分开来。

二、犯罪客观方面的"结果"

犯罪客观方面的结果,一般是指犯罪构成客观方面的结果要件。结果要件并非成立行为的必备要件,只是对于间接故意犯罪、过失犯罪而言是成立犯罪的必备要件,而对于其他行为来说,是对刑法中行为客观方面进行综合考量的要素之一。对于刑法中一般意义的行为而言,行为人控制或应该控制的客观条件,作用于行为对象,从而使其存在状态发生改变。行为人主观要件的内容可以通过行为客观方面的结果要件来推断,行为人承担刑事责任的程度也受结果要件的制约,甚至是间接故意犯罪与过失犯罪构成的必备要件,因此也是行为客观要件中的重要因素。行为人控制或应该控制的客观条件,作用于行为对象,造成危害结果的,成立犯罪的既遂;而危害结果没有发生的情况,再通过考察行为人的主观罪过来对行为定性。可见,结果要件要么是犯罪构成的必备要件,要么是量刑或判断行为完成形态的重要标准,在犯罪构成体系中处于十分重要的地位。

以刑法中行为的主要表现形式——犯罪行为为例,当行为人利用客观条件作用于犯罪对象,并使犯罪对象的存在状态发生了刑法所禁止的变化时,犯罪行为就达到了犯罪实行阶段的完成状态——犯罪结果。因此,犯罪构成客观方面的结果要件的表现形式是代表刑法所保护的社会关系的犯罪对象特征所受到的影响或改变。[①] 根据我国刑法规定,直接故意犯罪的成立并不要求危害结果的发生。犯罪行为是否完成并造成危害结果,不能说明犯罪行为的性质,也不能作为区分罪与非罪、此罪与彼罪的界限。但结果要件却对定罪、量刑有影响,仍然处于重要地位。而对于间接故意犯罪和过失犯罪而言,犯罪的成立要求犯罪的结果的发生,此时犯罪构成客观方面的结果要件就成为区分罪与非罪、此罪与彼罪的标准。

三、行为概念中的"客观条件"与"过程"

行为是主体控制或应该控制的客观条件,作用于具体的人或物的存在状态的过程。行为的客体要件是从行为的社会属性的角度研究行为的客观性质,行为客观方面的要件是从行为的自然属性的角度来研究行为的客观

---

① 陈忠林:《刑法散得集》,法律出版社 2003 年版,第 261 页。

性质。行为是主体认识状态中的主观内容转化为客观现实的过程。在行为过程中,行为主体通过对自己行为的控制,使主体认识状态中的主观内容转化为客观现实,包含于主体认识状态中的行为客观方面的特征,也转化为客观的、现实的行为的客观特征。因此,行为是主体在认识自己行为性质的基础上,利用客观条件作用于行为对象,使主体认识状态中的主观内容转化为客观现实的过程,这就是行为的客观要件。因而,行为的客观要件是主观要件的现实化、客观化,也是主体要件的客观化、现实化。

(一)行为人控制或应该控制的“客观条件”

行为在客观方面的表现,主要是行为人控制或应该控制的客观条件,作用于行为对象的过程。研究行为人控制或应该控制的客观条件,对于确定行为的客观性质具有决定性的作用。行为的“客观条件”,是正确理解行为的重要前提,也是解决犯罪论中一系列难题的钥匙。行为主体通过对客观条件的控制,将自己的主观内容转化为客观现实,客观条件是联系主体与行为对象的桥梁,将行为人的主观愿望转化为客观现实。

概括起来,行为概念中的“客观条件”有三种表现形式:①行为人自身条件,包括行为人自身特殊的身份、地位等。具体而言,行为人利用自身条件作用于犯罪对象的情况,比如行为人举拳伤人、用言语侮辱人等行为。行为人利用自己特殊的身份、地位去实施的犯罪行为,也属于行为人利用自身条件实施犯罪的情况。身份犯的行为性也在于此。②行为人外部的自然条件。此种情况主要是指行为人利用犯罪工具实施犯罪行为,例如行为人开枪杀人、利用计算机犯罪等。也包括利用外部的自然进程等情况。不作为多是行为人本人没有实行行为,而是利用了外部的自然条件造成危害结果的发生,因而应当追究不作为行为人的刑事责任,而不作为的行为性也就在于此。③他人的行为。行为人控制或应该控制的客观条件也包括他人的行为。在共同犯罪中,狭义共犯人(帮助犯、教唆犯)并没有实施犯罪的实行行为,而是利用正犯的行为实现自己的犯罪意图。因此,狭义共犯人的行为性就在于其利用正犯的行为达到犯罪目的,因而应当在其主观罪过的范围内承担刑事责任。间接正犯、片面共犯等犯罪行为的行为性也在于此,而不论其本人是否亲自参与犯罪。由于是利用他人的行为达到犯罪目的,因而也应当追究间接正犯、片面共犯的刑事责任。

研究行为人控制或应该控制的客观条件,对于确定行为的客观性质具有决定性的作用。对于作为犯的行为性而言,由于“作为”一般是指行为人以身体活动实施的违反禁止性规范的危害行为,[①] 因此,作为犯的行为性就在于行为人以积极的身体活动实施犯罪行为。具体而言,作为的实施方式有以下几种:利用自己的身体实施的行为;利用物质性工具实施的行为;利用自然力实施的行为;利用动物实施的行为;利用他人作为犯罪工具实施的行为;等等。而不作为犯的行为性则是刑法理论的难题。"不作为"是与"作为"相对应的犯罪构成客观方面行为要件的另一表现形式。所谓不作为,是指行为人负有实施某种行为的特定法律义务,能够履行而不履行的行为。不作为在表现形式方面通常表现为身体的静止,行为人没有积极的身体举动。因此,对于不作为犯的行为性而言就是难题。笔者认为,如果将行为理解为行为人利用客观条件作用于犯罪对象的过程,该难题也就迎刃而解了。作为是行为人利用自身条件完成的行为,而不作为则是行为人利用他人的行为或外部自然进程为表现形式的行为。行为人本身并没有直接参与犯罪的实施,而是利用他人的行为或自然进程达到实施犯罪的目的,造成犯罪行为所要求的危害结果。不作为的行为性也就在于此。

(二)行为是控制或应该控制的客观条件作用于行为对象的"过程"

行为究竟是单纯的身体举动,还是一个发展的过程,笔者认为这是个必须澄清的问题。目前所有的行为理论都认为,行为应当归结为身体的动静或身体举动。那么,传统的观点是否准确并为刑法学者所认可呢?事实并非如此。如前所述,大陆法系国家的刑法理论对于行为客观要件的定性并不令人信服,"身体动静""身体举动""身体运动"并不能涵盖所有刑法中的行为。

首先,笔者认为不能将行为的客观要件归结为"身体动静"。前文已有相关论述,如果将行为归结为"身体动静"的话,难以解释不作为的行为性问题。一般认为身体的"动"即积极的身体活动,表明的是作为的行为方式;而身体的"静"即身体的消极静止,表明的是不作为的行为方式。同时又说明不作为并非绝对意义的身体静止,提出在某些不作为犯罪中行为人往往具有积极的身体活动。可见,身体动静作为行为的归属概念并不合适。

其次,将行为归结为"身体举动"也不妥当。行为应当是一个动态的发展过程,由犯意的产生、犯罪预备行为的准备、实行行为的实施以及结果发生后的行为等组成一个完整的发展链条,而不是一个孤立的身体举动所能概括。当然,不能否认行为是由一个个身体举动所构成的,但问题是行为是一个动态的发展过程,而不是孤立的、片面的举动就能构成行为。以开枪杀

① 高铭暄、马克昌:《刑法学》,北京大学出版社、高等教育出版社 2014 年版,第 65 页。

人为例，从举枪瞄准到扣动扳机，再到射杀他人，主要的身体举动就有三个，难道说就存在三个行为、三种罪过，要承担三个刑事责任吗？可见，将行为归结为身体举动是不合适的。

再次，将行为归结为“身体运动”也不可取。身体动静与身体运动的差异并不大。既然以“身体动静”来作为行为的归属概念不合适，那么类似的归属概念归纳为“身体运动”并不可取，其中一个原因就是仍然难以将不作为涵盖其中，仍然没有解决不作为这个刑法中行为理论面临的最大难题。

再再次，行为为何不是“阶段”而是“过程”呢？笔者认为，行为的阶段与行为的发展过程是不同意义的两个概念，在理论上有必要加以区分。按照《现代汉语词典》的解释，“阶段”是指事物发展过程中划分的段落。① 而“过程”是指事情进行或事物发展所经过的程序。② 从其本义上看，阶段是划分的段落，是停顿的状态；而过程是事情进行或事物发展所经过的程序，是能动的、动态的过程。行为并不是一个孤立的、静态的概念，而是一个从预备到实行行为，再到危害结果发生的动态的发展过程，而非孤立的段落或停顿的状态。一般来说，过失犯罪都要求结果的发生才能追究行为人的刑事责任，因而刑法学者更多的是研究故意犯罪行为的过程、故意犯罪的阶段以及故意犯罪的形态问题：故意犯罪的过程指的是故意犯罪发生、发展和完成所要经过的程序、阶段的总和与整体，它是故意犯罪运动、发展和变化的连续性在时间和空间上的表现。故意犯罪的阶段，亦称故意犯罪的发展阶段，是指故意犯罪发展过程中因主客观具体内容有所不同而划分的段落。所谓故意犯罪的停止形态，是指故意犯罪在其发生、发展和完成的过程及阶段中，因主客观原因而停止下来的各种犯罪状态，包括犯罪预备、犯罪未遂、犯罪中止和犯罪既遂四种形态。③ 此种观点认为，故意犯罪的过程与阶段是动态的，运动、发展和变化是故意犯罪过程和故意犯罪阶段所共有的属性和特征。而故意犯罪的形态是故意犯罪已经停止下来的各种不同的结局和形态，属于相对静止的范畴。笔者认为，对于故意犯罪的过程与阶段来说，“过程”是行为的整体发展过程，是行为主体控制或应该控制的客观条件，作用于行为对象的过程，是动态的、发展的过程；而故意犯罪的阶段是被刑法理论所划分出来的独立的阶段，在整个故意犯罪的发展过程中，可以划分为犯罪的预备阶段、犯罪的实行阶段以及实行后阶段，而这些犯罪的阶段是固定的，是刑法理论划分的阶段。由于过程是行为主体有意识的实施过程，是行

---

① 《现代汉语词典》，商务印书馆 2012 年版，第 657 页。

② 同①，第 500 页。

③ 赵秉志：《刑法基本理论专题研究》，法律出版社 2005 年版，第 444 页。

为主体运用辨认能力和控制能力,作用于具体人或物的存在状态的过程,如果没有行为人本人的因素或行为人意志以外的因素的影响,行为就会按照行为人认识到的范围内将主观罪过转化为客观现实。因而行为应该是能动的、可以转化为现实的过程,而不是孤立的、理论上划分的各个阶段。

最后,将行为归结为身体动静或身体举动,并不能涵盖所有刑法中的行为。如此看来,对行为客观要件重新定性也就势所难免。那么,将行为归结于"过程"是否科学呢?笔者认为,行为是从预备阶段发展到危害结果的发生的一个过程,而不是一个个孤立的身体举动或运动。如果没有行为人意志以外的原因或行为人本人的意志因素,行为就会按照行为人的意愿转化为客观现实,按照行为人认识的行为性质发展,直至结果的发生。行为的实施,既是行为人主观要件转化为客观现实的过程,也是行为主体的辨认能力与控制能力的实际运用过程,更是行为人利用客观条件作用于行为对象的过程。因而将行为归结于过程并不为过。当然,行为的结果不一定都是危害结果。如果行为人认识到自己的行为具有维护国家利益、社会利益、本人或他人的合法权益的性质,并运用自己的控制能力使行为朝着自己的意愿发展,直至对社会有益的结果出现的整个过程,就是行为的客观要件发展的过程;如果行为人认识到自己的行为具有危害社会的性质,并有意识地控制自己行为的发展方向,从而导致危害结果发生的整个过程,也就是直接故意犯罪行为的实施过程。如果在这个过程中,由于行为人本人的意志而中止实施行为的,虽然危害结果没有发生,但由于刑法所保护的社会关系受到了影响或潜在的威胁,因而也构成了犯罪。可见,即使是犯罪的未完成形态,也是一个行为的发展过程,是行为人主观要件转化为客观现实,但刑法所保护的社会关系并未受到实际的侵害,只是面临潜在的威胁罢了。行为的实施过程,既是行为人主观要件转化为客观现实的过程,也是行为主体的辨认能力与控制能力的实际运用过程,更是行为人利用客观条件作用于行为对象的过程。

应该说,重新定性的行为概念对于行为客观要件的定性,与传统的观点差异很大,笔者试图通过对行为概念的重新定性,来尝试解决诸如不作为的行为性、狭义共犯即教唆犯与帮助犯[①] 的处罚根据等问题。也许意见不一定成熟,仅做初步的尝试,希望能起到抛砖引玉的作用。对于不作为的行为性、狭义共犯的处罚根据等问题会在本书最后一章进行系统阐述,此处仅对原因自由行为进行阐释。

所谓原因自由行为,也可称为原因中的自由行为,是指有责任能力的行

① 张明楷:《外国刑法纲要》,清华大学出版社 2012 年版,第 322 页。

为人在一时丧失责任能力的状态下实施了符合构成要件的行为，但是否陷入这种无责任能力状态行为人原本可以自由决定；如果是故意或者过失使自己处于无责任能力状态，则行为人应承担刑事责任。简而言之，原因自由行为是指故意或过失使自己处于无责任能力的状态，在无责任能力的状态下，实施了符合构成要件的行为。[①] 我国刑法中没有规定原因自由行为，外国刑法理论对于原因自由行为是否具有可罚性存在着争论，但目前肯定原因自由行为可罚性的理论成为通说，德国、法国、瑞士、意大利、日本等大陆法系国家的刑法理论都承认原因自由行为的理论。

就原因自由行为而言，其行为性的判断是决定原因自由行为是否具有可罚性的关键。而判断原因自由行为的可罚性，有“否定说”与“肯定说”的争论。“否定说”的理由是，行为人在实施行为时处于无责任能力的状态，其在设定原因时的意识与行为时的心理联系已经完全断绝。一个人不可能在心神丧失、缺乏自由意志时，按照在正常心理状态下所做的决定实施行为。如果能够依照原来的决定实施行为，就表明行为人在实施行为时具有责任能力，当然不能免除行为人的责任。因此，所谓原因自由行为的理论本身就是矛盾的。由于行为人在实施符合构成要件的行为时不具有责任能力，故应否认原因自由行为具有可罚性。而持“肯定说”者则有主观主义与客观主义的刑法理论。主观主义的刑法理论认为，刑法的评价对象，着重于行为人的人格、性格、动机等反社会的性格；如果行为人已经实施作为反社会性表征的行为，就应科处刑罚。在原因自由行为的情况下，行为人基于犯罪的意识而设定原因行为，就是反社会性人格的表征，自应受刑罚处罚。客观主义刑法理论以实行行为作为刑法的评价对象，原因自由行为中的实行行为究竟为何，存在着激烈的争论。

以往的通说认为，设定原因的行为具有实行行为性，这就坚持了行为与责任同时存在的原则。但对于以上通说，有学者提出了批判意见：一是在原因自由行为的场合，不适当地扩大了实行行为的范围。二是根据客观说的观点，认为开始实施定型的实行行为的时刻是实行的着手，在原因自由行为的场合，则认为在此之前的设定原因行为的开始是着手，这是自相矛盾的。三是即使类比间接正犯的法理，但在间接正犯的场合，也不存在应当把利用行为当作实行行为的必然性。不仅如此，当行为人过失陷入无责任能力的状态，然后实施了符合构成要件的行为时，并不能类比间接正犯的法理。四是如果坚持通说的观点，当行为人自己陷入无责任能力的状态以实施一定的犯罪行为，而设定原因行为的场合，如果在陷入无责任能力状态之前的限

---

① 张明楷：《外国刑法纲要》，清华大学出版社2012年版，第204页。

定责任能力状态，实施了该犯罪行为时，一方面原因行为终了即成立一个实行行为，另一方面对在限定责任能力状态下实施的现实的犯罪行为，应作为限定责任能力者的行为予以评价，成立另一个实行行为。但是，将基于一个犯意实施的一种社会现象，认定为两个不同的实行行为，是不合理的。笔者认为，根据重新定性的行为概念，原因自由行为的行为性就在于行为人能够控制实行行为的先前状态而没有控制，导致实行行为的实施和危害结果的发生。虽然行为人在行为时没有控制能力，但由于其对先前状态能够控制而没有控制，因而应当追究原因自由行为人的刑事责任。

第七章

行为概念中的"具体人或物的存在状态"

行为是主体与客体互相作用的结果。主体运用自己的辨认能力的根本目的在于按照自己的意愿影响、改变客观事物以满足自己的需要。这样,主体辨认能力和控制能力的运用就必须以一定的客观事物为对象。可见,行为客体应当是行为对象和刑法所保护的社会关系的有机统一,行为对象与社会关系之间是形式与实质的关系,两者统一于行为客体。

第一节　行为的客体要件

一、行为客体

我国现有刑法理论对于刑法中的行为缺乏理论上的层次划分,对于行为的客体问题来说,只是对犯罪行为的犯罪客体有相当多的论述,对刑法中一般意义的行为对象没有涉及,因此笔者就从犯罪客体入手展开论述。

(一)行为客体与犯罪客体

我国刑法学界传统的观点认为:犯罪客体是指我国刑法所保护的、为犯罪行为所侵害的社会关系。① 刑法理论将犯罪客体分为三个层次:一般客体、同类客体、直接客体。三类客体之间是一般与特殊、共性与个性、抽象与具体、整体与部分的关系。犯罪的一般客体,是指一切犯罪共同侵犯的客体,即我国刑法所保护的社会主义社会关系的整体。犯罪的同类客体,是指某一类犯罪行为所共同侵害的我国刑法所保护的社会关系的某一部分或某一方面。犯罪的直接客体,是指某一种犯罪行为所直接侵害而为我国刑法

① 高铭暄、马克昌:《刑法学》,北京大学出版社、高等教育出版社 2014 年版第 52 页。

所保护的社会关系。[①] 以上关于犯罪客体的定性及其分类，为刑法学界所公认。

研究犯罪客体具有重要的意义：一是有助于认识犯罪的本质特征。犯罪从本质上说，是对整个社会的危害。把握犯罪客体有助于认识犯罪的本质特征，提高人们与犯罪做斗争的积极性，增强人们的社会责任感，自觉与犯罪行为做斗争，以维护全社会的安全与稳定。二是有助于准确定罪。任何犯罪都必然侵犯社会关系，如果行为没有侵犯任何社会关系，就不可能成立犯罪。各种犯罪由于所危害的社会关系的种类不同，决定了其犯罪性质也不同，从而使此罪与彼罪得以区分。三是有助于正确量刑。犯罪性质相同，但社会危害程度不可能完全一样。犯罪的社会危害性大小和犯罪人的人身危险性的大小，影响到行为人应当承担的刑事责任的大小。而具体社会关系受到侵害的程度就是一个重要的考察标准。犯罪客体的内容影响到犯罪的社会危害程度，进而影响到量刑。[②]

传统刑法理论对犯罪客体的定性、分类乃至研究犯罪客体的重要意义，笔者是持赞同意见的，但能否认为“犯罪客体就是构成犯罪的必备要件之一”，笔者认为值得商榷。理论界也有学者对于通说的观点提出质疑，认为通说在论证上存在着一定的缺陷。首先，犯罪客体即刑法所保护而为犯罪行为所侵犯的合法权益，本身并不具有作为犯罪构成要件的资格，这一点是毫无疑问的。因为，既然犯罪客体已经是犯罪行为所侵犯的社会关系，再把它说成是犯罪构成要件，不仅毫无实际意义，而且陷入概念循环的逻辑错误，也违背理论上“要件”范畴提出的宗旨。其次，以“没有一个犯罪是没有犯罪客体的”为由来确立“犯罪客体是犯罪构成要件”也是苍白无力的。因为并不是说犯罪有什么特征，就可以反过来说这些特征都是犯罪构成要件，而是说法律规定（经由法律选择）了哪些东西必须是行为成立犯罪所必需，这些东西才是要件。最后，刑法理论界关于“犯罪客体是否是犯罪构成要件”的争论，具有实质意义的应是“行为侵犯的合法权益方面是否存在犯罪构成要件”，即在犯罪构成中是否存在由法律规定的、前置性地用于界定行为是否成立犯罪的“犯罪客体要件”。[③]

应当明确的是，犯罪客体与犯罪客体要件是不同意义的两个概念。首先，犯罪客体是我国刑法所保护的、为犯罪行为所侵害的社会关系。行为之所以构成犯罪，就在于侵犯了刑法所保护的社会关系，而且侵犯的社会关系

---

① 高铭暄、马克昌：《刑法学》，北京大学出版社、高等教育出版社 2014 年版第 55-56 页。

② 同①，第 54 页。

③ 高铭暄：《刑法专论》，高等教育出版社 2006 年版，第 144 页。

越重要，对社会的危害性就越大。社会关系涉及社会生活的方方面面，但为犯罪行为所侵害而为刑法所保护的社会关系仅仅是其中最重要的一部分。概括而言，这部分社会关系包括国家安全，公共安全，社会主义经济基础，公民的人身权利，民主权利和其他权利，社会主义社会管理秩序，国防利益，军事利益等。当然，这与刑法调整对象有关，刑法调整的是公民个人的基本人权与代表社会整体利益的法律秩序之间的关系。但应当注意的是，犯罪客体只能是犯罪行为时的客体，当犯罪行为结束后，也就不能再称其为犯罪客体。而犯罪客体要件不能等同于犯罪客体，犯罪客体要件是判断行为是否是犯罪行为的四个构成要件之一，是抽象的标准，并且是由我国刑法规范在分则中予以明确规定的抽象标准。

（二）行为客体的具体阐述

行为是行为人控制或应该控制的客观条件，作用于具体的人或物的存在状态的过程。行为概念中的“具体的人或物的存在状态”是对行为对象的概括。行为是主体与客体互相作用的结果，行为主体运用自己的认识能力和控制能力，作用于行为对象，影响和改变客观事物所体现的社会关系。就行为对象与行为客体之间的关系来说，行为客体在事实层面表现为具体的人或物的存在状态，在法律层面表现为刑法所保护的社会关系。行为对象与刑法所保护的社会关系是形式与实质的关系，两者统一于行为客体。

如果主体用刑法所禁止的方式来影响或改变刑法所保护的对象，其行为就是违犯刑事义务的犯罪行为，主体也就成为犯罪主体，行为对象及其体现的社会关系也就成了犯罪客体。犯罪客体是我国刑法所保护的、为犯罪行为所侵害的社会关系。既然犯罪行为是刑法中行为的最主要表现形式，行为客体与犯罪客体之间也应该存在着包含关系。当主体所欲影响或改变的客体是刑法所保护的对象时，主体的行为就成为刑法调整的对象，主体成为刑事义务的主体。与犯罪客体相对应，行为客体应当定性为我国刑法所保护的社会关系。犯罪客体是为犯罪行为所侵害而为刑法所保护的社会关系，但刑法中的行为除了犯罪行为以外，还包括正当防卫、紧急避险等非犯罪性质的行为，因而行为客体的范畴应当大于犯罪客体。对于刑法中的正当行为而言，其针对的对象也是刑法所保护的社会关系，是为了保护国家利益、公共利益、公民个人以及他人的合法权益而实施的，通过改变具体人或物的存在状态，维护刑法所保护的社会关系。因而，笔者认为，行为客体应当定性为刑法所保护的社会关系。当然，由于刑法的惩罚措施最为严厉，刑罚制裁措施可以剥夺犯罪人的生命、自由、财产以及参与公共事物的权利，当其他法律不能调整时，才由刑法调整，因而刑法具有独立的调整对象。刑法调整的是公民个人的基本人权与代表社会整体利益的法律秩序之间的关系。申言之，行为客体即刑法所保护的社会关系也是有着特定范围的，而不是广泛的、涉及社会生活各个方面的社会关系。还应当指出的是，就行为对象与行为客体之间的关系来说，行为客体在事实层面表现为具体的人或物的存在状态，在法律层面表现为刑法所保护的社会关系。具体人或物的存在状态与刑法所保护的社会关系是同一事物的“不同侧面”，是形式与实质的关系。马克思曾经指出，“林木占有者的利益之所以在林木受窃时受到了损害，只是林木遭到了损失，而不是权利受到侵犯。只是罪行的可以感觉的那一面触犯了林木占有者的利益，犯罪的实质并不在于侵害了作为某种物质的林木，而在于侵害了林木的国家神经——所有权本身，也就是实现了不法意图”。[1] 林木的损失（犯罪行为对犯罪对象的影响）是“罪行可以感觉的那一面”，罪行对所有权（刑法所保护的社会关系）的侵害是“罪行的实质”。而“罪行可以感觉的那一面”与“罪行的实质”是同一事物的两个不可分割的侧面。事物的“可以感觉的那一面”是事物的存在和表现形式，而事物的“实质”只有通过其“可以感觉的那一面”才能表现出来。比照而言，具体的人或物的存在状态的改变是“罪行可以感觉的那一面”，刑法所保护的社会关系受到侵害或威胁是“罪行的实质”，具体的人或物的存在状态是行为客体的事实层面的表现，刑法所保护的社会关系是行为客体法律层面的表现，两者统一于行为客体。

二、行为客体要件

研究行为客体要件，仍然要从犯罪客体要件入手。既然犯罪客体要件与犯罪客体不同，那么什么是犯罪构成的客体要件呢？两者又应当如何区分呢？笔者认为这是在理论上必须明确的问题。

目前关于犯罪客体要件有两种不同的观点：多数学者认为，在行为侵犯的合法权益方面存在犯罪构成要件，即犯罪客体要件。“合法权益的受到犯罪侵犯性（包括‘受到侵犯’和‘受到什么侵犯’），的确属于不同于犯罪客体要件、主体要件和主观要件之层次的范畴”。[2] 该论者所持理由有二：一是在立法上，某种需要设定为犯罪的行为首先被认为是侵犯某种合法权益的行为，而后立法者才根据这种行为侵犯的合法权益的性质，通过规定各种主客观要件要素确立犯罪成立的规格及犯罪构成。二是在根据法律规定的各种主客观要件及要素确定行为构成犯罪，即定罪之后，自然也会得出行为侵犯了某种合法权益即有犯罪客体存在的结论。

---

① 《马克思恩格斯全集》第一卷，人民出版社 1995 年版，第 168 页。

② 高铭暄：《刑法专论》，高等教育出版社 2006 年版，第 144 页。

与之不同，还有学者认为，犯罪的客体要件应当是犯罪对象的特征。由于犯罪对象特征是犯罪行为所侵犯的社会关系的表现形式，犯罪对象特征的改变标志着刑法所保护的社会关系所受到的侵害，因而犯罪构成的客体要件所揭示的就是犯罪行为的社会属性。它在犯罪构成中的作用是从犯罪行为的社会属性的角度来揭示犯罪行为的特殊本质。[①]

判断两种观点孰是孰非，都需要从犯罪客体要件与犯罪对象的关系入手来解决。通说认为，犯罪对象是指刑法分则条文规定的犯罪行为所作用的客观存在的具体的人或者具体物。[②] 犯罪客体与犯罪对象是“两个既有联系又有区别的概念”。两者的联系在于，作为犯罪对象的具体物是具体社会关系的物质表现；作为犯罪对象的具体人是具体社会关系的主体或参加者。犯罪行为作用于犯罪对象，就是通过犯罪对象即具体的人或物来侵害一定的社会关系。两者的区别在于：①犯罪客体决定犯罪性质，而犯罪对象则未必。仅从犯罪对象来分析某一案件，并不能辨明犯罪性质。只有通过犯罪对象体现的社会关系即犯罪客体，才能确定某种行为的性质。②犯罪客体是任何犯罪的必要构成要件，而犯罪对象则仅仅是某些犯罪的必要构成要件。例如妨害传染病防治罪，脱逃罪，偷越国（边）境罪，非法集会、游行、示威罪等，很难说有什么犯罪对象，而这些犯罪都有犯罪客体。③任何犯罪都会使犯罪客体受到侵害，而犯罪对象则不一定受到损害。例如诈骗犯将他人的计算机骗走，侵犯了他人的财产所有权，但作为犯罪对象的计算机则未必受到损害。④犯罪客体是犯罪分类的基础，犯罪对象则不是。犯罪客体是犯罪的必要构成要件，其性质和范围是确定的，因而它可以成为犯罪分类的基础。我国刑法分则规定的十类犯罪，主要是以犯罪同类客体为标准划分的。如果按照犯罪对象则无法对犯罪进行分类。犯罪对象并非犯罪的必要构成要件，它在不同的犯罪中可以是相同的，在同一犯罪中也可以是不同的。[③] 事物的形式与实质是同一事物的两个不可分割的侧面，两者不能割裂开来作为应当区分的两个事物。同样的道理，对于犯罪客体与犯罪对象的关系来说也是如此。刑法所保护的社会关系的性质通过对犯罪对象即具体的人或物的存在状态的改变来决定，而犯罪对象则是刑法所保护的社会关系受到侵害或威胁的重要表现形式。

---

① 陈忠林：《刑法散得集》，法律出版社 2003 年版，第 255 页。

② 高铭暄、马克昌：《刑法学》，北京大学出版社、高等教育出版社 2014 年版，第 57 页。

③ 同②，第 59 页。

三、行为客体要件与其他行为要件之间的辩证关系

行为客体要件并不能孤立存在，它只能与行为的其他要件相联系而存在。

首先，就行为的客体要件与主体要件的关系来说，没有主体的认识能力和控制能力，就没有行为。行为是主体与客体相互作用的结果。行为主体的认识能力和控制能力的运用必须以一定的客观事物为对象，即为主体认识和控制的客体。没有主体所认识和改变的客体，主体就无法体现自己的认识能力和控制能力，主体也就不能成为行为主体。如果行为主体认识和控制的客体是刑法所保护的对象，主体的行为就成为刑法评价的“行为”，主体也就成为刑事义务的主体。如果主体用刑法所禁止的方式来影响或改变刑法所保护的对象，其行为就是违反刑事义务的犯罪行为，相应的行为主体也就成为犯罪主体，其行为对象也就成为刑法所保护的对象。由此可见，行为是主体与客体相互作用的结果，相应的，犯罪行为是犯罪主体运用自己的认识能力和控制能力作用于犯罪客体的过程。

其次，就行为的客体要件与客观方面的要件之间的关系来说，行为主体控制或应该控制的客观条件作用于行为对象，改变具体人或物的存在状态，从而使刑法所保护的社会关系受到侵害或影响。如果行为主体控制自己的行为作用于刑法所保护的行为对象，使刑法所保护的社会关系受到侵害或威胁，行为就构成犯罪行为，行为主体也就相应地应当承担刑事责任。

再次，就客体要件与行为主观要件之间的关系来说，行为主体实施行为的过程，也是行为人在认识自己行为性质的基础上，用这种认识来控制自己行为性质的过程。在这个过程中，行为主体的认识能力和控制能力具体化为有一定内容的心理状况——行为人对于自己行为性质的认识状况和控制能力的状况。在实施具体行为时，由于行为人运用自己的认识能力和控制能力的状况有差异，体现在行为中的心理状况也有不同的特征和表现形式。当行为人认识到自己的行为是具有社会危害性的行为，仍然有意识地将犯罪意识转化为客观现实时，就是刑法所规定的故意犯罪行为；而过失犯罪行为则是行为人没有按照刑法的要求控制自己行为的性质，否则就不会因“轻信能够避免”或“未能预见”而导致以后行为的失控状态。对于正当防卫、紧急避险行为来说，行为人在行为时认识到自己的行为是对社会有益的行为，并运用自己的认识能力和控制能力将主观意识转化为客观现实中真正对社会有益的行为。由此可见，行为的四个构成要件是相辅相成，不可独立存在的。

第二节 行为对象

有行为，相应地就应当有行为作用的对象。犯罪对象是指犯罪行为直接施加影响的具体人或物，这是刑法学界差不多公认的犯罪对象的定义。而行为对象作为一般意义的行为，其与犯罪对象的最大差异就是是否为刑法所保护。

一、行为对象应当是具体的人或物的存在状态

对于行为对象而言，刑法中的行为是针对具体的人或物这种物质载体实施，还是针对具体人或物的存在状态，笔者认为非常有必要澄清。问题的根源就是行为对象究竟是“具体的人或物”，还是“具体人或物的存在状态”。这里存在着三个概念：具体的人或物、具体人或物的存在状态、由于存在状态的改变而受到侵害或威胁的刑法所保护的社会关系（简称为刑法所保护的社会关系）。这三个概念的澄清，是正确理解行为对象的重要前提。传统的刑法理论认为，犯罪对象是刑法分则条文规定的犯罪行为所作用的客观存在的具体人或者具体物。① 大多数具体的犯罪行为，都直接作用于一定的标的，使之发生毁损灭失或归属、位置、状态、行为方式等的改变，使刑法所保护的社会关系受到危害，进而阻碍、影响社会的正常运行，对社会造成危害。人们对行为是否构成犯罪的过程，往往开始于对犯罪对象的感知，进而认识到犯罪对象所代表的、受刑法所保护的社会关系受危害的情况，确定该行为是否构成犯罪和构成犯罪的性质。笔者赞同传统刑法理论对于犯罪行为施加于犯罪对象的过程的逻辑分析。犯罪行为正是利用客观条件，作用于犯罪对象，从而导致危害结果的发生，使刑法所保护的社会关系受到侵害。犯罪行为是针对具体人或具体物这种物质载体实施，还是针对具体人或物的存在状态，这是笔者认为应当在理论上明晰的问题。

首先，行为对象的物质载体不能等同于犯罪对象。“具体人或物”与“具体人或物的存在状态”是不同的，“具体人或物”应当是犯罪对象作用的物质载体，是行为施加的使刑法所保护的社会关系受到侵害的中间媒介。“具体人或物的存在状态”是行为对象，是行为真正针对的对象。由于行为对象受到侵害，而使其体现的社会关系受到侵害。而产生如此后果的根本原因是存在状态的改变，其物质载体可能并没有任何改变或没有受到任何的侵害。

---

① 高铭暄、马克昌：《刑法学》，北京大学出版社、高等教育出版社 2014 年版，第 57 页。

区分这两个概念是十分必要的。以犯罪对象为例,传统的刑法理论一直认为,犯罪对象应当是具体人或物,却因为无法解释例如脱逃罪、偷越国(边)境罪等具体犯罪的犯罪对象,便辩解说并非所有犯罪都有明确的犯罪对象。前提的错误当然会导致结论难以令人信服。传统的观点认为,有些犯罪有犯罪对象,而有些犯罪则没有犯罪对象。按照传统观点经常举的例子,"妨害传染病防治罪、脱逃罪、偷越国(边)境罪,以及非法集会、游行、示威罪等,很难说有什么犯罪对象,而无疑这些犯罪都有犯罪客体"。[①] 笔者认为这种说法是不正确的,具体理由如下:第一,犯罪行为只有通过指向具体的人或物才能影响和改变犯罪对象的存在状态,才能确定犯罪对象所体现的社会关系。犯罪对象本身物理特征没有改变并不意味着犯罪对象所体现的社会关系就没有受到侵害,也不意味着此类犯罪就没有犯罪对象。第二,既然认为任何犯罪都有犯罪客体要件,那么作为犯罪客体要件的存在和表现形式的犯罪对象怎么会脱离犯罪客体要件而单独判断其有无呢?第三,犯罪行为就是通过改变犯罪对象的某些特征来侵害该犯罪对象所代表的社会关系的。就脱逃罪而言,脱逃行为改变了犯罪分子处于司法机关羁押状态而侵犯了司法机关的正常司法活动,因此在脱逃罪中,犯罪对象是犯罪分子受羁押的状态,侵犯的客体要件是司法机关的正常司法活动,而脱逃行为的具体表现就是通过改变犯罪分子的存在状态(受羁押状态)而实现的。可见,不能因为对犯罪对象的定性不准确而否认所有的犯罪都有犯罪对象。对于行为对象也一样,行为对象的物质载体不能等同于行为对象本身。具体的行为都是针对具体的人或物的存在状态实施的,因此,行为对象应当是具体的人或物的存在状态。

其次,行为对象与刑法所保护的社会关系是形式与实质的关系。行为对象即具体的人或物的存在状态不能等同于刑法所保护的社会关系,两者统一于行为客体,是形式与实质的关系。具体到犯罪对象而言,犯罪行为通过作用于犯罪对象而导致刑法所保护的社会关系受到侵害。刑法所保护的社会关系与犯罪对象应当是实质与形式的关系,不能人为地将两者割裂开来。犯罪客体的实质是刑法所保护的社会关系,刑法所保护的社会关系不可能脱离具体的犯罪对象而存在;犯罪客体要件的存在和表现形式是具体的人或物,只有通过犯罪对象的具体特征才能揭示和认定犯罪所侵犯的社会关系。如果把犯罪客体的实质——刑法所保护的社会关系和犯罪客体的存在和表现形式——犯罪对象割裂开来,就会使犯罪构成的客体要件成为

① 高铭暄、马克昌:《刑法学》,北京大学出版社、高等教育出版社 2014 年版,第 59 页。

一个不可把握的因素。论述至此,可将犯罪对象、刑法所保护的社会关系与犯罪客体进行区分。犯罪对象是犯罪行为所直接指向的具体人或物的存在状态;刑法所保护的社会关系是犯罪行为的客体要件;犯罪客体是犯罪对象与刑法所保护的社会关系的有机统一体,是犯罪主体通过实施犯罪行为作用于犯罪对象,对刑法所保护的社会关系造成侵害或威胁。

二、所有的行为都有行为对象

关于犯罪对象的存在范围,刑法学界存在一种通行的观点,即有些犯罪没有犯罪对象。这种观点的一般表述是:一切犯罪都有犯罪客体,但并非一切犯罪都有犯罪对象,有些犯罪就只有犯罪客体而没有犯罪对象,如脱逃罪、偷越国(边)境罪,这种观点几乎成了刑法学界的通说。尽管如此,理论界还是有不同的声音。早在1982年,就有学者提出:一切犯罪都有客体和对象,二者密不可分,没有对象,客体就无法存在和表现。[①] 笔者赞同这种观点,所有的犯罪都有犯罪对象。作为抽象的社会关系,它必须有某种物质载体才可能存在,没有社会关系的主体,没有其主体借以建立社会关系的物质载体,社会关系是不可能存在的。在犯罪构成理论中,犯罪客体这种社会关系又是被犯罪行为侵害的具体的社会关系,被犯罪行为所侵害的社会关系通过具体的人或具体的物这种物质载体具体状态的改变来体现,因而,如果没有犯罪对象具体存在状态的改变,又如何体现刑法所保护的社会关系受到侵害呢?有学者做了更深入的论证:如果认为有些犯罪只有犯罪客体而没有犯罪对象,"这是犯罪行为没有作用或影响任何社会关系的承担者而直接侵害了社会关系呢,还是有受到作用或影响的承担者而不称其为犯罪对象呢?"[②] 该学者在对上述两个疑问进行了深入的理论分析后,都给予了否定的回答,并得出结论:"在犯罪客体要件中如果只有一部分犯罪客体有表现形式……而另一部分客体却没有表现形式,这无论在理论上还是实践上,都是难以说得通的。"[③]应该说,上述理论上的分析论证是有相当说服力的。

有些学者认为,某些犯罪是没有犯罪对象的,原因就在于刑法分则确实有些犯罪的犯罪对象并不好认定。那么,必须明确分析并确认这些犯罪的犯罪对象,才能真正使"所有犯罪都有犯罪对象"的观点更具有说服力。最具典型意义的是脱逃罪。主张"不是所有犯罪都有犯罪对象"最有力的例证

---

① 敖俊德:《试论犯罪客体的几个问题》,载《北京政法学院学报》1982年第1期,第10页。

②③ 李洁:《论犯罪客体与犯罪对象的统一》,载《刑事法评论》1997年第1卷,中国政法大学出版社1997年版,第492页。

就是脱逃罪,认为脱逃罪就没有犯罪对象。对于脱逃罪犯罪对象的解释,有学者试图将脱逃罪的犯罪对象解释为监狱的警戒线、围墙乃至警戒哨兵的视线边界等,但这些解释很难具有说服力。犯罪人并没有对这些所谓的对象施加什么影响,而且在押解途中犯罪人逃跑的情形也很难涵盖其中,这样反而增强了脱逃罪无犯罪对象的证明力。因此,准确地揭示脱逃罪的犯罪对象,对于正确阐明犯罪对象是如何体现犯罪客体的问题有着重大的意义。有主张“一切犯罪都有犯罪对象”的学者认为,“确实存在着这样的情况,犯罪行为影响到了一定事物,但这种事物并非行为的直接指向。例如,脱逃罪的行为影响了劳改机关监管人员的职务行为,但行为自身确实没有直接指向某种人或物,这时,对该行为的确定,就不要具体的对象的存在”。[①] 尽管论者对其观点进行了深奥的理论阐述,但给人的印象仍然是论者一方面主张一切犯罪都有犯罪对象,另一方面也认为有些特殊的犯罪(如脱逃罪)就没有犯罪对象。由于犯罪对象体现犯罪客体的方式的特殊性,因而“对该行为的确定,就不要具体的对象的存在”了。这种观点似乎存在有矛盾之处。可见,“脱逃罪具有犯罪对象”的解释对于证明“所有的犯罪都有犯罪对象”的观点具有重大的意义。持反对意见者很大程度上就是由于对脱逃罪的对象难以做出解释而坚持自己认为“并非所有的犯罪都有犯罪对象”的观点。

笔者认为,问题的关键就在于如何具体分析每一种犯罪中犯罪对象是怎样体现出刑法所保护的社会关系的,而犯罪对象与刑法所保护的社会关系又是如何统一到犯罪客体上来的。一般认为,既然每一种犯罪都有犯罪客体和犯罪对象,而每一种犯罪中犯罪客体又都是已受到犯罪行为侵害的具体的社会关系,那么,体现这种具体社会关系的人或物也是具体的。以脱逃罪为例,脱逃罪是依法被关押的罪犯、被告人、犯罪嫌疑人从被关押的处所逃逸的行为。[②] 脱逃罪的主体可能是罪犯、被告人、犯罪嫌疑人,通过实施从被关押处所逃跑的行为,改变自己被羁押的状态成为自由状态而破坏了国家司法机关的正常监管秩序,因而构成脱逃罪。脱逃罪的犯罪客体是司法机关对犯罪人、被告人、犯罪嫌疑人的正常监管秩序,在这种社会关系中,司法机关是权利主体,而被监管的犯罪人、被告人、犯罪嫌疑人是义务主体,两种主体之间的监管秩序通过具体的义务主体被关押而体现出来。犯罪人实施脱逃行为,就是把自己由被关押状态非法地变成自由状态,从而使某一

---

① 李洁:《论犯罪客体与犯罪对象的统一》,载《刑事法评论》1997 年第 1 卷,中国政法大学出版社 1997 年版,第 494 页。

② 高铭暄、马克昌:《刑法学》,北京大学出版社、高等教育出版社 2014 年版,第 556 页。

具体的监管秩序因丧失被监管对象而受到破坏。在脱逃罪中,犯罪主体通过改变其自身所处的状态来破坏监管秩序。脱逃罪犯罪对象的物质载体是实施脱逃行为的犯罪人自身,犯罪对象是犯罪人自身被羁押的状态,而脱逃罪侵犯的客体是国家司法机关的正常监管秩序。可见,脱逃罪并非没有犯罪对象,而是犯罪对象是否定性准确的问题。也有学者认为,脱逃罪的犯罪对象应当是犯罪人自身,是犯罪人针对自己实施的。对此笔者持否定态度。如前所述,犯罪对象与犯罪对象的物质载体并非一个概念,前者是具体人或物的存在状态,后者是具体的人或物。犯罪对象是犯罪客体的表现形式,而刑法所保护的为犯罪行为所侵害或影响的社会关系是犯罪客体的实质,两者统一于犯罪客体。无论是犯罪客体的表现形式不同,还是犯罪客体的实质不同,都能决定犯罪行为性质的不同。虽然物质载体一样,但由于物质载体的存在状态即犯罪对象不同,其代表的社会关系也就不同,当然侵犯或影响的犯罪客体也就不同,相应的犯罪行为的性质也就不同。可见,不仅犯罪行为的客体要件能够决定犯罪行为的性质,经过准确定义的犯罪对象同样也能决定犯罪行为的性质,因为两者本来就是犯罪客体的“不同侧面”,①刑法所保护的社会关系是不可能脱离具体的犯罪对象而存在的。类似的,偷越国(边)境罪的犯罪对象也是犯罪人自身处在国籍国的自由状态,犯罪对象的物质载体是犯罪人自身,而偷越国(边)境罪侵犯的犯罪客体是国家对人员进出国(边)境的管理秩序。这种社会关系中,国家是权利主体,每位进出境者是义务主体,犯罪人正是采用秘密方法使自己脱离国家对进出境人员的管理秩序,进而侵犯了这种关系,也就是通过改变自身所处的状态而侵犯了国家对人员进出国(边)境的管理秩序。

我国《刑法》第四百三十四条规定的战时自伤罪提供了更有力的论证。战时自伤罪是指,在战时自伤身体,逃避军事义务的行为。② 战时自伤罪的客体是部队的作战利益和军人的军事义务。行为人通过伤害自己身体的行为,使自己健康的身体状态、有作战能力的身体状况变为无作战能力的状态,从而逃避军事义务,使部队的军事利益遭受损失的行为。在本罪中,行为人健康的有作战能力的身体状态是战时自伤罪的犯罪对象,而行为人自

---

① 马克思在关于林木与所有权的关系的阐述中指出,“犯罪行为实质并不在于侵害了作为某种物质的林木,而在于侵害了林木的国家神经——所有权本身”。林木的损失(犯罪行为对犯罪对象的影响)是“罪行可以感觉的那一面”,罪行对所有权的侵害(刑法所保护的社会关系)是“罪行的实质”。事物“可以感觉的那一面”和“实质”是同一事物的两个不可分割的侧面。

② 高铭暄、马克昌:《刑法学》,北京大学出版社、高等教育出版社 2014 年版,第 666 页。

身则是犯罪对象的物质载体,战时自伤的行为指向的是行为人自身,不针对其他具体的人或物。有学者会认为,行为人既然指向的是行为人自身,那么行为人本人就应当是犯罪对象,为什么会是行为人健康的有作战能力的状态呢?笔者认为,犯罪对象与犯罪行为的物质载体是截然不同的。故意杀人罪与故意伤害罪中,犯罪行为的物质载体都是受害人,但为什么罪名不同呢?传统的刑法理论也能做出解释,原因在于两种行为侵犯的客体不同。但以辩证的观点看问题,既然犯罪客体要件与犯罪对象是实质与形式的关系,两者应该都能体现出不同行为的不同性质。根源就在于不能把犯罪对象与犯罪对象的物质载体相混淆。故意杀人罪的犯罪对象应当是受害人本身的有生命的状态,而故意伤害罪针对的犯罪对象则是受害人健康的身体状态。两种犯罪行为针对的犯罪对象不同,根据犯罪对象判断出犯罪行为侵害的社会关系也不同,当然侵害的犯罪客体也就不同,从而认定两种行为具有不同的性质。因此,在战时自伤罪中,每位参战军人有服从国家战争需要而进行作战的义务,而国家则是这种社会关系中的权利主体。参战者履行作战义务的前提条件是其身体基本健康,处于有能力作战的状态,而战时自伤者恰恰就是通过把自己的身体从处于有能力作战状态改变成无能力作战状态,从而无法履行军事义务,进而危害了国家的军事利益。这里正是犯罪人针对自己实施的行为侵犯了国家军事利益这一犯罪客体,明确无误地说明了战时自伤罪的犯罪对象正是犯罪人将自己有能力的作战状态改变为无能力的作战状态。

重婚罪也能说明这个问题。所谓重婚罪是指,有配偶而与他人结婚或者明知他人有配偶而与之结婚的行为。[①] 重婚罪的客体是一夫一妻制的婚姻关系。在重婚罪中,行为人正是针对自己已有配偶或明知对方已有配偶的状态而又与他人结婚,使自己的婚姻形式由一夫一妻的合法状态,改变为一夫多妻或一妻多夫的非法状态而侵犯了一夫一妻制度。重婚罪的犯罪对象就是自己一夫一妻的婚姻状态,通过状态的改变导致犯罪的成立,犯罪客体即一夫一妻制的婚姻关系受到侵害。

以上对一些具体犯罪的犯罪对象的分析,可以说明犯罪对象存在于每一个犯罪之中。只要我们从犯罪客体和犯罪对象的基本概念着手,并且从犯罪客体与犯罪对象的基本关系出发,去分析每一个犯罪的犯罪客体是一种什么样的社会关系,它是怎样被犯罪行为所侵害的,就不难找出各个具体犯罪的犯罪对象。这里并不存在硬要给安上一个犯罪对象的问题,而是我

---

① 高铭暄、马克昌:《刑法学》,北京大学出版社、高等教育出版社 2014 年版,第 485 页。

们是否已经正确地认识了其犯罪对象的问题。正如其他学者认识的那样："在研究犯罪对象概念的时候，应首先注重解决犯罪对象是'什么'，而不应急于确定犯罪对象'应包括哪些内容'，只有前一个问题解决了，后面的问题才有进一步解决的必要。"[①] 对于行为对象也一样，既然作为行为特殊形态的犯罪行为都有犯罪对象，那么对于一般意义的行为也应当有各自独立的行为对象。

三、行为对象不一定必须具有合法性质

行为对象是行为所针对的具体的人或物的存在状态，不一定必须具有合法性质。只要行为改变了具体的人或物的存在状态，就意味着刑法所保护的社会关系受到侵害或威胁，而行为对象的性质可以在所不问。那么，对于犯罪对象而言，是否必须具有合法性质在理论上存在争论。

有学者在分析犯罪对象中的具体人或物的特征时认为，具体的人或物作为刑法所保护的某种社会关系的主体或物质表现，或者反映客体受到侵犯的某种社会关系有密切联系的人，必须具有合法性，才能成为犯罪对象。那些为我国社会和法律严禁的物品，不受法律保护的某些人身权利的主体，都不能成为我国刑法中的犯罪对象，如窝藏、包庇罪及私放罪犯罪中的"犯罪分子"，其作为接受国家刑事追诉的主体而逃避制裁。因此，不是刑法所保护的社会关系的主体，不是上述犯罪的犯罪对象，窝赃、销赃之赃款赃物，贩卖淫书淫画罪、贩卖假药罪、贩卖或运输毒品罪中之淫书淫画、假药、毒品都是非法物品，犯罪分子虽然对之施加了直接影响，但它们不是刑法直接保护的社会关系的主体的物质表现，不存在对之犯罪的问题。事实上，犯罪分子并不是对上述人或物质实施伤害，而恰恰是保护或放纵利用了这些人或物品，因此，不能成为犯罪对象。[②] 这种观点的核心是犯罪对象必须具有合法性，其主要理由是：只有具备合法性的人或物，才可能作为被犯罪行为所侵害的社会关系的承载体，也才可能被犯罪行为所侵害。

笔者认为，犯罪对象并不一定要具有合法性质。只要犯罪行为改变了刑法所保护的具体人或物的存在状态，就意味着刑法所保护的社会关系受到侵害或威胁，而犯罪对象的性质可以在所不问。举个简单的例子，例如盗窃本来就是赃物的行为，能因为盗窃的是赃物就否认该行为的性质而不能认定成立盗窃罪吗？盗窃罪侵犯的是他人的财产所有权，这种财产所有权也是一种社会关系，是财产所有人与其之外的其他社会成员之间的一种关

---

① 刘生荣：《犯罪构成原理》，法律出版社 1997 年版，第 150 页。

② 马克昌：《犯罪通论》，武汉大学出版社 1991 年版，第 127 页。

系。刑法只是保护财产权利关系,而不是保护这种关系的主体,如果认为要保护财产关系的主体,岂不连义务主体(盗窃犯也在其中)也要保护了吗?而把盗窃犯排除在义务主体之外也是行不通的,那财产权利关系岂不是只有权利主体而无义务主体吗?那又怎样认识财产权利关系也是一种人与人之间的关系呢?可见,犯罪对象的性质不一定必须是合法的。以上观点的论者认为,只有具备合法性的人或物,才可能作为被犯罪行为所侵害的社会关系的承载体,也才可能被犯罪行为所侵害。笔者认为,问题在于对我国刑法的调整对象存在误解。刑法不仅保护全体公民的合法权益,而且保护包括犯罪人在内的全体公民的合法权益。根据"窝藏、包庇罪及私放罪犯罪中的'犯罪分子',其作为接受国家刑事追诉的主体,而逃避制裁。因此,不是刑法所保护的社会关系的主体,不是上述犯罪的犯罪对象"的观点,笔者认为是将犯罪对象的物质载体与犯罪对象混淆。犯罪对象的物质载体是刑法所保护的具体的人或物,而犯罪对象是刑法所保护的具体人或物的存在状态。窝藏、包庇罪及私放在押人员罪等犯罪的犯罪对象的物质载体是犯罪分子,但犯罪对象却是犯罪分子被羁押接受刑罚处罚的状态。窝藏、包庇罪名的成立就在于行为人改变犯罪分子本来应受刑罚处罚的状态,通过窝藏、包庇行为使其逃脱刑罚处罚。而私放罪犯罪也是通过私自放走罪犯的行为,使其应受刑罚处罚的状态改变因而构成犯罪。应当指出的是,犯罪人也可能是刑法所保护的社会关系的主体,对此,必须具体分析每一个犯罪的客体究竟是什么。如果不做这种分析,就会得出犯罪人是接受国家刑事追诉的主体,而不是刑法所保护的社会关系的主体的错误结论。实际上,刑法所保护的社会关系如没有犯罪人的参与是很难成立的。如前述的观点认为,窝藏、包庇罪,私放罪犯罪中的"犯罪分子",由于其不是刑法所要保护的对象,因而就不能是犯罪对象。这就把犯罪对象本身看作刑法所要保护的对象,混淆了犯罪客体和犯罪对象的界限。在窝藏、包庇罪、私放罪犯罪中,刑法所保护的客体是国家追诉犯罪的秩序,这种秩序的实质是每个人不得妨碍国家(社会全体成员的代表)追诉犯罪的社会关系,即每个人与全体社会成员之间的关系。这种关系只有通过某个人实施了窝藏、包庇、私放罪犯的行为,才具体受到侵害,也才可能成为犯罪客体(犯罪客体必须是受到了犯罪行为所侵害的社会关系)。可见,这种社会关系一定要通过"犯罪分子"这一行为对象才能体现出来,如果不是窝藏了"犯罪分子"这一特定的对象,而是窝藏受行政处罚的人、受他人追杀的人、逃避包办婚姻的人或其他任何人,都不会构成窝藏罪。"犯罪分子"在窝藏、包庇、私放罪犯罪中,作为犯罪客体的物质载体(并非犯罪客体的主体,这里的主体应是窝藏的行为人和其他全体社会成员)的性质是十分明显的。由此,笔者认为,即使是非法的物

品乃至某些人，也同样能够作为犯罪对象。认为犯罪对象必须具有合法性的观点，不仅本身根据不足，而且也会造成刑法理论的更大混乱。

按照犯罪对象必须具有合法性的观点，作为盗窃枪支罪的犯罪对象的枪支，一般说来是具有合法性的，即犯罪人通常从合法持枪人如军人、警察等那里盗窃枪支，在这种情况下，由于犯罪人的行为直接指向了枪支，且该枪支又具有合法性，因而该枪支就是盗窃枪支的犯罪对象了。但在少数情况下，犯罪人也可能从非法持有枪支者那里盗窃枪支，例如某甲知道好友某乙最近非法购得手枪一支，遂向某乙借用，某乙不肯借，某甲便于某日在某乙家中玩耍时趁机盗走了该手枪。同样是盗窃枪支罪，难道从警察手中盗窃枪支的犯罪就有犯罪对象，而从非法持有者手中盗窃枪支的犯罪就没有犯罪对象吗？同样的道理也存在于普通的盗窃罪中，难道犯罪人所盗窃的钱财是他人的合法财产时，该盗窃罪就有犯罪对象，而如果盗窃犯正好盗窃了某局长受贿的非法款项，该盗窃罪又没有犯罪对象了吗？如果同一种犯罪时而有犯罪对象，时而又没有犯罪对象，这是很难令人信服的。结论是很清楚的：行为所直接影响的（不是侵害的）具体的人或物，无论其是合法的还是非法的，都是行为对象。而犯罪行为作用于行为对象的实质，并不是要侵害（损害）行为对象，而是通过改变行为对象的状态来侵害行为客体，即通过改变具体的人或物的存在状态来侵害刑法所保护的社会关系。因此，行为对象并不一定必须具有合法的性质。

四、行为对象可以决定行为的性质

行为对象与刑法所保护的社会关系，两者是形式与实质的关系，是行为客体的两个侧面。因而，不仅作为行为客体实质的刑法所保护的社会关系能够决定行为的性质，作为行为客体表现形式的行为对象同样也能决定行为的性质。

当然，这种观点看起来似乎缺乏说服力，原因就在于传统的观点认为只有犯罪客体决定犯罪性质，而犯罪对象则未必。由于犯罪对象是犯罪行为所侵犯或影响的社会关系的表现形式，犯罪对象存在状态的改变也就意味着刑法所保护的社会关系受到侵害或影响，因而犯罪客体要件所揭示的就是犯罪行为的社会属性。正是由于犯罪行为作用于犯罪对象的存在状态，而非具体的人或物即犯罪对象的物质载体，因而犯罪对象存在状态的改变就意味着犯罪客体要件的不同，相应的犯罪行为的社会属性也就得以认定。简单地说，由于犯罪对象与刑法所保护的社会关系统一于犯罪客体这同一个事物，因而，既然刑法所保护的社会关系有所不同，作为其表现形式的犯罪对象当然也就不同。即使犯罪行为所侵犯的犯罪对象的物质载体是相同的,如果犯罪对象的存在状态不同,则犯罪行为的性质也不相同。以通常我们所举的例子来说,盗窃放在仓库中的电线与在通信设施上正在使用的电线的行为,两个行为的物质载体都是电线,性质完全相同。按照传统理论对犯罪对象的定义来说,两个行为的犯罪对象是相同的,但由于侵害的社会关系不同,因而犯罪行为的性质不同。可见,即使犯罪对象相同,也可能存在犯罪行为性质不同的情况。

由此得出结论:犯罪对象不能决定犯罪行为的性质,而犯罪客体即刑法所保护的社会关系才能决定犯罪行为的性质。但问题真的是这样吗?如果前提定性错误的话,根据其得出的结论自然也就不能令人信服了。犯罪对象只能是具体人或物的存在状态,而不是犯罪行为施加作用的物质载体。犯罪对象与犯罪客体要件即刑法所保护的社会关系统一于犯罪客体,无论是犯罪客体的表现形式不同,还是犯罪客体的实质不同,都能决定犯罪行为性质的不同。以上例子中的两个行为犯罪对象是不同的,虽然都是电线,但盗窃放在仓库中的电线的行为,其侵害或影响的犯罪对象是作为公私财物的电线,代表的社会关系是公私财产所有权;而盗窃作为通信设施上正在使用的电线的行为,其侵害或影响的犯罪对象是作为通信设施的一部分的电线,代表的社会关系是公共的通信安全。可见,虽然物质载体一样,但由于物质载体的存在状态即犯罪对象不同,其代表的社会关系也就不同,当然侵犯或影响的犯罪客体也就不同,相应的犯罪行为的性质也就不同。

对于行为对象而言,不仅行为的客体要件能够决定行为的性质,经过准确定义的行为对象同样也能决定行为的性质,因为两者本来就是行为客体的“不同侧面”,① 刑法所保护的社会关系是不可能脱离具体的行为对象而存在的,行为对象即具体的人或物的存在状态的改变也能体现刑法所保护的社会关系是否受到侵害或威胁。因此,不能人为地将两者割裂开来。既然行为客体能够决定行为的性质,作为其表现形式的行为对象当然也能决定行为的性质,其前提是对行为对象的定性应当准确。

由于我国刑法理论主要是针对犯罪对象展开的论述,因而对于行为对象的论述是建立在对犯罪对象研究的基础之上的。行为对象与犯罪对象的最大差异就是是否为刑法所保护,两者的实质内容是一致的。

通过以上分析,对于刑法中行为的行为对象问题,笔者得出如下结论:

---

① 马克思在关于树木与森林的阐述中指出,林木的损失(犯罪行为对犯罪对象的影响)是“罪行可以感觉的那一面”,罪行对所有权的侵害(刑法所保护的社会关系)是“罪行的实质”。事物“可以感觉的那一面”和“实质”是同一事物的两个不可分割的侧面。

一是行为对象应当是具体的人或物的存在状态，而非具体的人或物；二是所有的行为都有行为对象，行为是通过具体的人或物的存在状态的改变来体现的，而作为行为对象物质载体的具体的人或物可能并没有任何变化；三是行为对象并不一定要求必须具有合法性质。行为只要是作用于具体的人或物，并造成其状态的改变，就认为存在行为，而物质载体合法与否在所不问；四是行为对象可以辨明行为的性质，原因就在于行为对象与其体现的社会关系是形式与实质的关系，两者统一于行为客体，是同一事物（行为客体）的两个侧面。既然行为所体现的社会关系能够辨明行为的性质，而作为行为客体表现形式的行为对象也应当能够辨明行为的性质，关键是对行为对象的定性是否准确。由于行为在客观方面的表现是状态的改变，如果将行为对象理解为具体的人或物的存在状态，而不是行为对象的物质载体，就能通过具体的人或物状态的改变来辨明行为的性质。

第三节 行为客体要件与行为对象之间的辩证关系

我国刑法理论尚没有对于行为对象与行为客体要件之间关系的论述。鉴于刑法中行为是犯罪行为的上位概念，我们先从犯罪对象与犯罪客体要件之间的关系入手展开论述。

我国刑法理论认为，犯罪对象与犯罪客体之间是各自独立的，犯罪客体与犯罪对象是“两个既有联系又有区别的概念”。两者的联系在于：作为犯罪对象的具体物是具体社会关系的物质表现，作为犯罪对象的具体人是具体社会关系的主体或参加者。犯罪行为作用于犯罪对象，就是通过犯罪对象即具体的人或物来侵害一定的社会关系。两者的区别在于：犯罪客体决定犯罪性质，而犯罪对象则未必；犯罪客体是任何犯罪的必要构成要件，而犯罪对象则仅仅是某些犯罪的必要构成要件；任何犯罪都会使犯罪客体受到侵害，而犯罪对象则不一定受到损害；犯罪客体是犯罪分类的基础，犯罪对象则不是。

笔者并不赞同将犯罪对象与犯罪行为客体要件割裂的观点，同样，行为对象与行为的客体要件之间也不能孤立地分别看待。首先，不能将犯罪对象与犯罪的客体要件各自孤立起来。犯罪客体要件的实质是刑法所保护的社会关系，刑法所保护的社会关系不可能脱离具体的犯罪对象而存在；而犯罪客体要件的存在和表现形式是具体的人或物，只有通过犯罪对象的具体特征才能揭示和认定犯罪所侵犯的社会关系。如果把犯罪客体的实质——刑法所保护的社会关系和犯罪客体的存在和表现形式——犯罪对象割裂开来，就会使犯罪构成的客体要件成为一个不可把握的因素。所谓犯罪的客体要件是指刑法所保护而为犯罪行为所侵害的社会关系,而犯罪对象则是刑法所保护的社会关系所指向的具体的人或物的存在状态。刑法所保护的社会关系是犯罪客体要件的实质,而犯罪对象是犯罪客体要件的存在和表现形式。其次,对于行为对象与行为的客体要件之间的关系来说,两者应当是辩证统一的关系。行为对象是具体人或物的存在状态,刑法所保护的社会关系是行为的客体要件,那么刑法所保护的社会关系与行为对象应当是实质与形式的关系,不能人为将两者割裂开来,并进行严格的区分。还可以从法律层面与事实层面来看待这个问题。就行为对象与行为客体之间的关系来说,行为的客体在事实层面表现为具体的人或物的存在状态,行为的客体在法律层面表现为刑法所保护的社会关系。

还应当强调的是,行为的客体要件与行为对象之间是实质与形式的关系,它只能与行为的其他要件相联系而存在。首先,就行为的客体要件与主体要件的关系来说,没有主体的认识和控制能力,就没有行为。行为是主体与客体(行为对象的存在状态)相互作用的结果。行为主体的辨认和控制能力的运用必须以一定的客观事物为对象,即为主体认识和控制的客体。没有主体所想认识和改变的客体,主体就无法体现自己的辨认能力和控制能力,主体也就不能成为行为主体。如果行为主体认识和控制的客体是刑法所保护的对象,主体的行为就成为刑法评价的行为,主体也就成为刑事义务的主体。如果主体用刑法所禁止的方式来影响或改变刑法所保护的对象,其行为就是违反刑事义务的犯罪行为,相应的主体也就成为犯罪主体,其行为的对象也就成为刑法所保护的对象。由此可见,行为是主体与客体相互作用的结果,相应地,犯罪行为是犯罪主体运用自己的辨认能力和控制能力作用于犯罪客体的过程。其次,就行为的客体要件与客观方面的要件之间的关系来说,行为主体控制或应该控制的客观条件作用于行为对象,改变具体人或物的存在状态,从而使刑法所保护的社会关系受到侵害或影响。如果行为主体控制自己的行为作用于刑法所保护的行为对象,使刑法所保护的社会关系受到侵害或威胁,行为就成为犯罪行为,行为主体也成为犯罪主体,应当承担刑事责任。再次,就客体要件与行为人的主观要件之间的关系来说,行为主体实施行为的过程,也是行为人在认识自己行为的性质的基础上,用这种认识来控制自己行为性质的过程。在这个过程中,行为主体的辨认能力和控制能力具体化为有一定内容的心理状况——行为人对于自己行为性质的认识状况和控制能力的状况。在实施具体行为时,由于行为人运用自己的辨认能力和控制能力的状况有差异,体现在行为中的心理状况也有不同的特征和表现形式。行为人认识到自己的行为是具有社会危害性的行为,仍然有意识地将犯罪意识转化为客观现实的,就是刑法中规定的故意犯罪行为；而过失犯罪行为则是行为人没有按照刑法的要求控制自己认识行为的性质，否则就不会因“轻信能够避免”或“未能预见”而导致以后行为的失控状态。对于正当防卫、紧急避险行为来说，行为人在行为时认识到自己的行为是对社会有益的行为，并运用自己的辨认能力和控制能力将主观意识转化为客观现实中真正对社会有益的行为。由此可见，犯罪行为的四个构成要件是相辅相成，不可独立存在的。

综合以上论述，可见行为是主体与客体互相作用的结果。主体运用自己的辨认能力的根本目的在于按照自己的意愿影响、改变客观事物以满足自己的需要。这样，主体辨认能力和控制能力的运用就必须以一定的客观事物为对象。可见，行为客体应当是行为对象和刑法所保护的社会关系的有机统一，行为对象与社会关系之间是形式与实质的关系，两者统一于行为客体。当主体所欲影响或改变的客体是刑法所保护的对象时，主体的行为就成为刑法调整的对象，主体才成为刑事义务的主体。当主体所欲影响或改变的客体不存在时，主体也就无法体现自己的辨认能力和控制能力，主体也就不成其为主体。但如果主体用刑法所禁止的方式来影响或改变刑法所保护的对象，其行为就是违反刑事义务的犯罪行为，主体也就成为犯罪主体，行为对象及其体现的社会关系也就成为犯罪客体。

第八章

重构的行为概念对具体疑难问题的阐释

如前所述,由于大陆法系四大行为理论存在着各自难以解决的难题:因果行为论难以说明不作为的真谛,目的行为论无法解释过失犯罪的行为性,社会行为论因无法解释社会意义而难以对行为准确定性,人格行为论以抽象意义的人格来定性行为使行为更加难以把握。如何对行为概念进行重新诠释,是值得各国刑法学界思索的难题。而我国目前刑法理论中的行为概念也存在着层次缺失、定性不准确等相应问题。因此,重新定性刑法中的行为概念也就在所难免。然而,一个概念的重新定性并不是简单地抛出一个新概念,而必须能够接受实践和时间的考验,必须能够有超越以往理论的优势,必须能够涵盖现有刑法理论中所有的行为并能对其进行充分的解释才真正具有说服力。只有达到这些要求,一个重新定性的行为概念才真正有坚实的基础得以在理论界立足,否则一切均是空谈。本章即是对刑法中行为理论的具体疑难问题进行的阐释。

第一节　无认识过失犯罪的行为性问题

过失犯罪行为是刑法中行为的最主要表现形式之一,是行为的特殊形态。大陆法系刑法理论中的目的行为论因为无法解释过失犯罪的行为性问题而难以成为权威的行为理论。重新定性的行为概念,必须能够解释过失犯罪行为,尤其是无认识的过失犯罪行为才能更有说服力。

一、过失犯罪的行为性问题概述

根据我国《刑法》第十五条规定:“应当预见自己的行为可能发生危害社会的结果,因为疏忽大意而没有预见,或者已经预见而轻信能够避免,以致发生这种结果的,是过失犯罪。”对于过失犯罪而言,行为人对于自己行为的控制状态在过失犯罪中采取了较为曲折的形式。因为在过失犯罪过程中犯罪结果都是在行为人有某种认识错误的情况下发生的。根据我国刑法规定，过失犯罪包括过于自信的过失和疏忽大意的过失。过于自信的过失犯罪，是行为人已经认识到自己的行为会发生危害社会的结果，但由于过于自信，要么是过高估计自己的能力，要么是过低估计客观条件所造成的结果，从而导致危害结果的发生。而疏忽大意的过失犯罪，行为人对于自己的行为是应当认识到行为的性质、行为可能发生的结果以及行为与结果之间的因果关系，但行为人因为疏忽大意并没有认识到，从而导致危害社会的结果发生。

过于自信的过失属于有认识的过失犯罪，行为人对于危害结果是有认识的，因此论证过于自信过失犯罪的行为性问题并非难题。具体详述如下。

所谓过于自信的过失，是指行为人预见到自己的行为可能发生危害社会的结果，但轻信能够避免以致发生这种结果的心理态度。[①] 过于自信的过失即有认识的过失，传统刑法理论认为追究过于自信过失犯罪的行为人刑事责任的根据分为两个方面：首先是行为对社会造成了严重的危害结果；其次是行为人过于自信的主观心理态度。行为人虽然造成了严重危害社会的结果，但对过失犯罪的行为人而言其并非自觉自愿地危害社会，危害结果的发生与其本人意志相违背。关键在于行为人的主观心理态度，行为人本来能够正确认识自己的行为与危害结果之间的因果联系，并进而可以正确选择自己的行为，从而避免危害结果的发生，但行为人却在自己意志的支配下，对社会利益和社会大众的安危采取了不负责任的态度，从而使自己的行为造成了严重危害社会的结果。可见，过于自信过失犯罪的行为性就在于行为人能够预见自己的行为会发生危害社会的结果，并且危害结果的发生与本人意志相违背，但由于行为人过高估计自己的能力或过低估计客观条件，从而在主观意志支配下发生了危害社会的结果。归根结底危害结果的发生仍然是在行为人主观意志支配下即过于自信的罪过心理支配下实施了危害社会的行为。那么重新定义的行为概念能否解释过于自信过失犯罪的行为性呢？

笔者认为，对于过失犯罪而言，行为人对于自己行为的控制状态在过失犯罪中采取了较为曲折的形式。因为在过失犯罪中犯罪结果都是在行为人有某种认识错误的情况下发生的。过于自信的过失犯罪的实质在于行为人已经认识到自己的行为会发生危害社会的结果，但由于过于自信，要么是过高估计自己的能力，要么是过低估计客观条件所造成的结果，从而导致危害结果的发生。其根本在于行为人没有准确运用自己对行为的控制能力，虽

---

① 高铭暄、马克昌：《刑法学》，北京大学出版社、高等教育出版社 2014 年版，第 113 页。

然认识到危害结果可能发生,但由于过于自信,从而导致对自己行为的失控,以致危害结果的实际造成。其行为性在于行为人认识到结果可能发生,并且应当控制自己的行为不发生危害社会的结果,但由于过于自信而没有控制好自己的行为,从而发生了危害社会的结果。

二、无认识过失犯罪的行为性问题

所谓无认识过失,也称为疏忽大意的过失,是指行为人应当预见到自己的行为可能发生危害社会的结果,因为疏忽大意而没有预见到,以致发生这种结果的心理态度。[①] 传统刑法理论认为,追究疏忽大意过失犯罪行为人刑事责任的根据分为两个方面:首先是行为对社会造成了严重的危害结果;其次是行为人疏忽大意过失的主观心理态度。行为人的行为虽然造成了严重危害社会的结果,但对行为人而言其并非自觉自愿地危害社会,危害结果的发生与其本人意志相违背。关键在于行为人的主观心理态度,行为人本来能够正确认识自己的行为与危害结果之间的因果联系,并进而可以正确选择自己的行为,从而避免危害结果的发生,但行为人却由于疏忽大意而没有预见到自己的行为可能会发生危害社会的结果,从而使自己的行为造成了严重危害社会的结果。

无认识过失犯罪的行为性就在于行为人应当预见自己的行为会发生危害社会的结果,并且危害结果的发生与本人意志相违背,但行为人由于疏忽大意而没有预见,从而在主观意志支配下发生了危害社会的结果。归根结底危害结果的发生仍然是在行为人主观意志支配下即疏忽大意过失的罪过心理支配下实施了危害社会的行为。对于疏忽大意的过失行为而言,是行为人应当认识到自己行为的性质、危害结果以及行为与危害结果之间的因果关系,但由于疏忽大意而没有认识到,从而无法控制危害结果的发生。追究疏忽大意过失犯罪的根据也就在于行为人应该控制而没有控制的意志因素上。

笔者认为,越是在过失犯罪中,行为人对于自己行为的控制能力就越发显得重要。无论是行为人轻信犯罪结果能够避免还是行为人对结果的发生未能预见,都是行为人在认识自己行为性质时未能按照刑法的要求正确控制自己去认识行为的性质的结果。在疏忽大意的过失中,就是由于行为人没有正确运用自己的控制能力,对危害结果的发生应当预见而没有预见,从而发生了危害社会的结果。如果行为人正确运用自己的控制能力,就会正

---

① 高铭暄、马克昌:《刑法学》,北京大学出版社、高等教育出版社 2014 年版,第 114 页。

确认识到自己行为的性质，也就不会导致以后行为的失控状态。没有按照刑法的要求去控制自己认识行为的性质，是追究过失犯罪行为的原因所在。

第二节　不作为的行为性问题

法律格言有云："不作为也是行为。"（Et non facere facere est.）[①] 不作为犯罪的行为性问题历来被认为是刑法学界公认的难题。大陆法系行为理论最为棘手的问题，就是如何将不作为这种重要的行为形式纳入刑法中的行为中来。因果行为论、目的行为论都因为难以解释不作为而难以成为权威的行为理论。我国刑法学界虽然公认不作为犯罪具有行为性，但支持的理由却各不相同，而且至今为止也没有一个令人信服的结论。因而才有这样的说法："不作为犯罪的行为性问题就像幽灵一样，缠绕刑法学者达一两个世纪之久。"[②]

一、概念的澄清

（一）不作为行为、不作为犯罪与犯罪的不作为

研究不作为行为，首先应当将不作为行为、不作为犯罪与犯罪的不作为区别开来。"不作为行为"是刑法中行为的表现形式之一，不作为行为也并不仅限于不作为犯罪，非犯罪行为也可能存在不作为形式；"不作为犯罪"是以不作为形式构成的犯罪行为，是犯罪行为的表现形式之一，其本质为犯罪行为；"犯罪的不作为"是犯罪客观要件中的犯罪表现形态。可见，三者是不同的概念。

有学者赞同笔者的看法，认为不作为与不作为犯罪是应当区分的两个概念，"不作为与不作为犯罪是既有联系又有区别的两个概念。不作为是危害行为的一种表现形式，而不作为犯罪则是以这种形式所构成的犯罪类型"。[③] 还有学者认为，不作为与不作为犯罪也是两个应当区分的概念，当然，该学者将不作为（即我国刑法理论对危害行为的行为形式进行的区分中对不作为的称谓）改为"犯罪的不作为"，[④] 但实质内涵与不作为是一致的。该学者认为，"犯罪不作为与不作为犯罪是两个关系密切的概念，但是两者又是有区别的。犯罪不作为与犯罪作为是相对应的概念，与犯罪作为一样，

---

① 张明楷：《刑法格言的展开》，法律出版社2003年版，第133页。

② 黎宏：《不作为犯研究》，武汉大学出版社2003年版，第1页。

③ 赵秉志：《刑法基本理论专题研究》，法律出版社2005年版，第396页。

④ 该学者认为，所谓"犯罪的不作为"，是犯罪客观要件中的犯罪表现形态。

均是犯罪客观要件中的犯罪表现形态,犯罪不作为问题是整个犯罪构成的局部问题(即客观要件中的问题)或现实犯罪成立构成的局部问题,而不作为犯罪是指具有犯罪不作为形式的犯罪,不作为犯罪问题是整个犯罪构成的整体问题乃至现实犯罪成立构成的整体问题。"①

笔者认为,这三个极其相近的概念因为表现形式都是不作为的行为方式,因此区分的关键不是在于不作为,而是在于它们分别属于不同的行为范畴。

1. 不作为行为

不作为行为应当是这三个概念中范围最广的概念,是刑法中行为的表现形式之一,不仅仅局限于不作为犯罪,以不作为方式实施的非犯罪行为也存在不作为形式。大陆法系行为理论中经常争论的不作为,其实指的是不作为行为,将其简称为不作为。本书也采用这一称谓,不作为是不作为行为的简称,而不能理解为犯罪客观要件中的犯罪表现形态。

2. 不作为犯罪

既然是不作为犯罪,其成立的前提就是应当成立犯罪行为,而且是以不作为方式实施的犯罪行为。可见,不作为犯罪与作为犯罪是相对应的,是根据行为方式的不同对犯罪行为所做的分类。不作为犯罪是符合犯罪构成四个要件的行为,是主观与客观相结合的统一体,而不是割裂主观与客观的某一个方面,因此是实体意义的行为,且是犯罪行为。

3. 犯罪的不作为

我国刑法理论中将危害行为的行为方式分为两类:作为与不作为。按照欧锦雄教授的观点,危害行为的不作为方式应当称为犯罪的不作为,与犯罪的作为相对应。所谓"犯罪的不作为"是犯罪客观要件中的犯罪表现形态。笔者认同这种观点,犯罪的不作为应当属于犯罪客观方面的行为要素,仅仅是犯罪客观方面的表现形态。由于这个层次的行为概念本身就由于剥离主观要件而不可能作为实体意义的行为而存在,因此不作为也仅能作为纯客观的对象进行研究。

(二)犯罪的作为与犯罪的不作为、作为犯罪与不作为犯罪

应当明确的是,犯罪的作为、犯罪的不作为与作为犯罪、不作为犯罪是应当区分清楚的两组概念。犯罪的作为与犯罪的不作为是我国刑法理论对犯罪客观方面的危害行为进行的区分。危害行为专指作为犯罪客观方面要件的行为,即犯罪行为剥离了主观方面的纯客观的行为。因此,犯罪的作为

---

① 欧锦雄:《不作为犯罪的行为性》,载《法学研究》2003 年第 3 期,第 94 页。

与犯罪的不作为仅仅是对犯罪客观方面要件进行的区分,不包括主观要件等其他要件。而作为犯罪与不作为犯罪则不相同,既然称之为犯罪,势必具备犯罪的四个构成要件,不仅是客观要件,还应当是具备犯罪主体要件、客体要件、主观要件等四个因素的有机整体。这是两组概念最根本的区别。首先在理论上明晰这一点,有助于我们进行深层次的研究。

1. 犯罪的作为与犯罪的不作为

所谓犯罪的作为,是指行为人以身体活动实施的违反禁止性规范的危害行为。犯罪的作为是危害行为的基本形式之一,具有危害行为的三个基本特征,即:在客观上是人的身体动静,在主观上是由行为人的意志支配下的身体动静,在法律上是对社会有危害的身体动静。除此之外,犯罪的作为还应当具有以下特征:一是作为的行为形式只能表现为行为人以身体动静实施;二是犯罪的作为违反的是刑法的禁止性规范。我国刑法规定的大多数犯罪都是以作为形式实施的,而且许多犯罪只能由作为方式实施,例如抢劫罪、抢夺罪、贪污罪、强奸罪、诬告陷害罪等。犯罪的不作为是与犯罪的作为相对应的危害行为的另一种表现形式。

犯罪的不作为是指行为人负有实施某种行为的特定法律义务,能够履行而不履行的危害行为。成立犯罪的不作为除了应当具备危害行为的三个基本特征外,在客观方面还应当具备以下三个条件:首先,行为人负有实施某种作为的特定法律义务,这是构成不作为的前提条件。其次,行为人有能力履行特定法律义务。再次,行为人没有履行作为的特定义务,这是不作为成立的关键条件。犯罪的不作为通常表现为身体的静止,不为一定的行为。但这并不是绝对的,在某些不作为犯罪中,行为人往往有积极的身体活动。例如逃税罪,只能由不作为构成,即行为人有依法履行向国家交纳税款的特定法律义务,能履行而不履行。但是逃税罪往往表现为行为人涂改账本、销毁账册等一系列积极行为,而不是消极的身体静止。尽管犯罪的作为只能是积极而为,犯罪的不作为通常是消极不为,但又不是绝对的。犯罪的作为与犯罪的不作为的关键区别在于是否与负有特定的法律义务相联系。对于违反法律规范方面,犯罪的作为违反的是禁止性规范,犯罪的不作为既违反禁止性规范,也违反了命令性规范。

2. 作为犯罪与不作为犯罪

对于作为犯罪与不作为犯罪而言,成立的前提条件是两者都是犯罪行为,满足成立犯罪应当具备的四个构成要件,即主体要件、客体要件、主观方面的要件以及客观方面的要件。一般认为,两者区分的关键是这两类犯罪客观方面表现形式的不同:作为犯罪在客观方面主要是以积极的作为形式实施的;而不作为犯罪则是以应当履行特定的法律义务而不履行,以消极形式实施的犯罪。根据传统的刑法理论,可知对于作为犯罪与不作为犯罪的区分有三点:一是作为犯罪仅从行为方式上往往表现为积极的身体动作,而不作为犯罪则表现为消极的身体静止。二是作为犯罪从形式上表现为“不应为一定行为而为之”,而不作为则表现为“应为一定行为而不为”。换言之,作为犯罪是行为人违反禁止性的刑事义务,而不作为犯罪是行为人违反命令性的刑事义务。三是作为犯罪违反的是禁止性的刑法规范,而不作为犯罪违反的是命令性的刑法规范。

根据以上分析,可知犯罪的作为与犯罪的不作为仅仅是我国刑法理论对于危害行为也就是犯罪行为的客观性质所做的分类。而这个被德国古典学派大师宾丁誉为“刑法理论的王冠”的“刑法中的不作为”问题,只能是从行为立场上进行研究的,而不可能仅仅就犯罪行为的客观性质即传统理论的“危害行为”这个层次上的不作为。作为犯罪与不作为犯罪,两者的区分都是在刑法中行为的“犯罪行为”这个层次。对于犯罪行为客观方面的不作为而言,由于仅仅属于犯罪行为的一个方面而不包含主观要件,因此刑法理论重点研究的还是不作为犯罪。

二、作为犯罪与不作为犯罪的划分

研究不作为犯罪的行为性问题,首先应当明确作为犯罪与不作为犯罪的划分依据问题。国外刑法理论对于作为犯罪与不作为犯罪的划分问题,有三种见解。

第一种观点认为,以实际实施犯罪的行为形态为标准来区分。根据这种区分方法,以作为的行为形式实现犯罪的具体行为者,是作为犯罪;以不作为的行为形式实现具体犯罪的具体行为者,是不作为犯罪。[①] 台湾刑法学者高仰止先生也赞同这一观点,并进行补充,认为“本于意思而为身体积极的动作之犯罪,称为作为犯……本于意思而消极的不为身体动作之犯罪,称为不作为犯”。[②] 赵秉志等学者赞同这一观点,认为“作为犯罪与不作为犯罪的划分标准,应该是行为人实际实行犯罪的行为形态。即实际实行行为的形式是作为的,是作为犯罪;实际实行行为的形式上是不作为的,是不作为犯罪”。[③] 其理由在于:区分作为犯罪与不作为犯罪的最终目的在于把握作为犯罪与不作为犯罪在构成上的不同特性,为定罪量刑的刑事司法服务。

---

① 日高义博:《不作为犯罪研究》,王树平译,中国人民公安大学出版社 1992 年版,第 84-85 页。

② 高仰止:《刑法总则之理论与实用》,五南图书出版公司 1986 年版,第 181 页。

③ 赵秉志:《刑法基本理论专题研究》,法律出版社 2005 年版,第 400 页。

而在司法实践中，只存在具体的犯罪构成，不存在抽象的犯罪构成。因而两者的区分只有在已然的犯罪中才有意义，也只能以行为人实际实施的行为形态为标准。对于这种观点，笔者认为，以实际实施的行为形态为标准划分作为犯罪与不作为犯罪，虽然理论上成立，但实践中两者实施的行为方式有何不同，并没有阐明，实际上也没有做出清楚明确的区分标准，只是主张在具体的犯罪构成中去把握，实际上也就无法区分。

第二种观点认为，应当以通常情况下实现犯罪构成要件的犯罪行为形态为标准来区分。根据这种分类方法，实现犯罪构成要件的通常行为形式是作为的，就是作为犯；实现犯罪构成要件的通常行为形式是不作为的，就是不作为犯。① 笔者认为，这种观点以"通常情况"的行为方式作为划分的标准的话，那么对于"通常情况"的诠释就显得愈发重要。何为"通常情况"的行为方式？根据司法实践经验和刑法分则条文的相关规定，一般是能够确定的。这种标准对于纯正的作为犯与纯正的不作为犯来说，是可以确定的。问题是对于不纯正的不作为犯，即行为人以不作为方式实施原本可以以作为方式实施的犯罪时，又当做何处理呢？

第三种观点认为，应当以法规的规定形式为标准进行划分。② 法律明文规定以作为的形式为其构成要件行为的，是作为犯；以不作为的形式为其构成要件的，是不作为犯。可见，这种划分方式是从犯罪的法规范及价值构造的角度对作为犯罪与不作为犯罪进行的划分。笔者认为，第三种观点与第二种观点有着同样的问题，即仅适用于纯正的作为犯与不作为犯，对于不纯正的不作为犯难以做出区分。

我国传统刑法理论对作为与不作为做出了这样的解释。所谓"作为"，是行为人以身体活动实施的违反禁止性规范的危害行为；而所谓"不作为"，是指行为人负有实施某种行为的特定法律义务，能够履行而不履行的危害行为。③ 在这里必须明确三点：一是传统刑法理论上对作为与不作为的区分是对犯罪行为客观方面要件所做的区分，而不是针对作为犯罪与不作为犯罪这两种犯罪行为而言的。基本前提必须清晰，但由于这两组概念只是处于行为的层次范畴不同，核心内容相同，因而划分标准是可以共享的。二是以"是否违反禁止性规范"作为划分标准，并不能划分作为犯罪与不作为犯罪。原因就在于不作为犯罪有纯正的不作为犯罪与不纯正的不作为犯罪区

---

① 转引自熊选国：《刑法中行为论》，人民法院出版社 1992 年版，第 121 页。

② 同①，第 399 页。

③ 高铭暄、马克昌：《刑法学》，北京大学出版社、高等教育出版社 2014 年版，第 65－66 页。

分,违反刑法的禁止性规范仅仅是对纯正的作为犯罪而言的。三是两者的划分标准应当是行为人是否负有刑法规定的特定法律义务。相应的,不作为犯罪是行为人负有实施某种行为的特定法律义务,能够履行而不履行的行为。但是,对于不纯正不作为犯仍然难以做出解释。

不作为是否是行为,在理论上曾受到怀疑。从身体动作上说,不作为表现为没有实施任何举动;另外,行为都会引起外界变动,而不作为是“无”,无中不能生有(Ex nihilo nihil fit)。但这种怀疑显然仅仅是对于自然主义、物理的理解,而不是规范意义的思考。① 我国主流观点认为,不作为与作为的区别并不在于“静”与“动”、“消极”与“积极”,而在于是否和履行特定法律义务相联系。② 而作为犯罪与不作为犯罪的区分标准,应该是行为人实际实施犯罪的行为形态。即实际实行行为是作为的,是作为犯罪;实际实行行为是不作为的,就是不作为犯罪。③ 笔者认为,“作为犯罪”与“不作为犯罪”的共同点在于:都是行为人利用客观条件作用于行为对象的过程,实质上都造成了一定的损害结果,造成了法益侵害,都违反了刑法规范(不论是禁止性规范还是命令性规范)。差异在于:不作为并非没有实施任何举动,而是没有实施刑法规范要求应当实施的行为。就实质而言,作为是“不应为而为”,违反的是禁止性规范;而不作为是“应为而不为”,违反的是命令性规范。笔者认为,无论是作为与不作为,还是作为犯罪与不作为犯罪,两者其实是很难做出区分的。原因就在于“作为犯罪”并非单纯的身体的动,而“不作为犯罪”也并非绝对意义的身体静止;“作为犯罪”并非绝对地都违反刑法的禁止性规范,而“不作为犯罪”并非都是违反的命令规范,不纯正的不作为犯罪就是明证。

三、不作为的行为性问题

法律格言有云:“不作为也是行为。”④ 不作为⑤的行为性问题历来被认为是刑法学界公认的难题。如何理解不作为的行为性,与如何理解刑法中的行为概念密不可分。能否正确理解不作为的行为性,成为检验各种行为

①④ 张明楷:《刑法格言的展开》,法律出版社2003年版,第133页。

② 赵秉志:《刑法基本理论专题研究》,法律出版社2005年版,第399页。

③ 高铭暄:《刑法专论》,高等教育出版社2006年版,第163页。

⑤ 注意,这里的不作为是不作为行为的简称,大陆法系刑法理论相关问题也是针对不作为行为展开的。而我国刑法理论中的不作为指的是作为犯罪客观方面的危害行为的表现形态,即犯罪的不作为。因为是纯客观的东西,因此也就谈不上行为性问题。

理论科学性的标志之一。[①] 笔者赞同这个观点，行为概念之所以重新定性，原因之一就是无论是大陆法系还是我国刑法理论的行为概念，都难以对不作为的行为性进行令人信服的解释。而检验重新定性的行为概念是否具有说服力，不作为的行为性问题也就成为一个强有力的武器。

(一)大陆法系行为理论的相关诠释

1. 因果行为论

因果行为论主张行为是基于意识的身体动静。按照因果行为论的观点，行为由两个因素组成：一是意思这种内心要素，即行为的有意性；二是物理上能够感知的身体动静这种外部要素，即行为的有体性。但因果行为论无法将不作为涵盖到行为的范畴中，因为不作为缺乏有体性的特征，很难按照因果行为论的观点将其解释为物理上能够感知的身体动静。

2. 目的行为论

目的行为论认为行为是受目的支配的身体运动。目的行为论因对行为的目的性的理解不同，关于不作为是否具有行为性，有肯定说与否定说的观点。肯定说认为，"行为不论其现象如何，乃系一切犯罪之共通基础，包括作为与不作为"，"不作为并非所谓'行为'之否定，而系'为'之否定"；否定说认为，"关于作为犯所发展之理论，于不作为犯正好相反，不作为系不为行为，与行为具有对立关系，禁止，乃要求其不为行为；命令，则系要求其实行行为，故以禁止为基础之作为犯罪与以命令为基础之不作为犯罪，在犯罪理论上，为评价对象之行为构造及其理论之效果均属相反"。可见，肯定说认为行为并不能以现象判断其有无。不作为并不是对"行为"的否定，而是对"为"即应为而不为的否定。而否定说的观点则认为不作为既无因果性又无目的性，故不是行为。

3. 社会行为论

社会行为论认为行为是具有社会意义的身体动静。社会行为论着眼于行为在社会上的价值，寻求不作为与作为的共通的上位概念，从行为的价值关系，说明不作为行为性的根据。德国刑法学者迈兹格这样解释："可罚的作为与不可罚的不作为，不仅系外界事象对立的概念，同时亦系'价值关系的概念'，即与价值有关的概念"。[②]

4. 人格行为论

人格行为论主张行为是行为人人格的主体性现实化的身体动静。按照人格行为论的观点，"主体的人格态度，也不一定仅仅表现为'作为'一种形

① 赵秉志：《刑法基本理论专题研究》，法律出版社2005年版，第402页。

② 转引自高铭暄：《刑法专论》，高等教育出版社2002年版，第163页。

式,表现为‘不作为’这一形式也是可以的”。①

按照因果行为论的观点,不作为由于缺乏有体性特征而难以纳入行为的范畴。而目的行为论本身对于不作为的行为性问题就存在争议:肯定说认为不作为并不是对“行为”的否定,而是对“为”即应为而不为的否定;否定说的观点则认为不作为既无因果性又无目的性,故不是行为。目的行为论肯定说的观点认为不作为是对“应为而不为”的否定,虽然这样解释也说得通,但问题是并没有对不作为的行为性本身做出直接的解释,而是从刑事义务的角度对不作为进行的解释。社会行为论从社会价值的角度,将不作为纳入行为中。因为无论是作为还是不作为,其否定的价值只有在社会关系中才能得到体现。人格行为论则将不作为也视为行为人的人格态度而归属于行为的一种。笔者认为,社会行为论与人格行为论虽然分别从社会价值的角度或行为人人格态度的角度将不作为纳入,但问题仍然是没有直接阐明不作为的行为性问题,不作为究竟是如何体现行为的?以上两种观点并没有做出正面的解释。

(二)我国刑法理论的相关解释

我国刑法理论对于不作为的行为性问题也存在着争论。有学者认为,不作为的行为性问题只能从社会价值的角度予以考察。无论是作为还是不作为,其否定的价值只有在社会关系中才能得到体现。质言之,不作为与作为之所以具有共同的行为概念,归根到底在于不作为与作为一样都侵害了一定的社会关系,具有同等的否定价值。仅以存在论的方法解释不作为的行为性,无法得出科学、圆满的结论,只有从价值论的角度出发,不作为的行为性问题才能迎刃而解。②

还有学者这样认为,不作为也是行为。首先,不作为并不是单纯的“无”,而是没有实施应当实施的行为;其次,法律所设计的行为规范,无非是禁止性、命令性规范与授权性规范。对授权性规范不产生违法问题,而对禁止性、命令性规范的违反便是违法。违反禁止性规范就是“不应为而为”,违反命令性规范就是“应为而不为”,前者属于作为,后者属于不作为,但都是违反法规范的,在行为性质上没有区别。最后,从实质上说,禁止性规范是为了禁止人们实施侵犯合法权益的行为,而命令性规范是命令人们实施保护合法权益的行为,违反禁止性规范与违反命令性规范,都意味着合法权益受到损害。③ 以上分析仅仅肯定不作为也是行为,只是从事实层面而没有从

---

① 马克昌:《近代西方刑法学说史略》,中国检察出版社 1996 年版,第 112 页。

② 赵秉志:《刑法基本理论专题研究》,法律出版社 2005 年版,第 403 页。

③ 张明楷:《刑法格言的展开》,法律出版社 2003 年版,第 133-134 页。

法律层面肯定不作为可以构成犯罪。

德国、日本刑法理论主要是针对不作为犯展开的论述。按照德日刑法理论的通说,不作为犯分为真正不作为犯与不真正不作为犯。真正不作为犯是指构成要件的行为是以不作为的形式规定下来的犯罪。如日本《刑法》第一百零七条规定的不解散罪等。而不真正的不作为犯是指以不作为方式实现刑法以作为形式规定的构成要件的犯罪。[①] 可见,不真正不作为犯是由不作为方式实施的作为犯,符合作为犯的构成要件。这便会出现这样的问题:既然刑法是以作为形式规定的构成要件,那么不作为形式怎么可能符合作为犯的构成要件?是否违反了没有法律明确规定就没有犯罪的罪刑法定原则?德国、日本刑法理论上的通说仍然肯定不真正不作为犯的可罚性,并且认为处罚不真正不作为犯符合罪刑法定原则,因为有些刑法规范例如杀人罪的构成要件基础的规范内容是"尊重人的生命",既包含禁止规范也包含命令规范,该规范中同时包含了违反禁止规范的作为与违反命令规范的不作为。但不真正不作为犯由于缺乏作为义务的主体和内容的具体标准,也会导致处罚范围的不明确。可见,赵秉志教授认为不作为犯罪的行为性只能从社会价值的角度予以考察,不作为也侵害了一定的社会关系,与作为具有同等的否定价值。张明楷教授则是分析了德国、日本刑法理论中的不作为犯,从事实层面上可以肯定不作为也是行为,但从规范的角度,对于不真正的不作为犯只能从具有双重性(禁止性与命令性)的刑法规范解释,但不真正不作为犯由于缺乏作为义务的主体和内容的具体标准,也会导致处罚范围的不明确。

虽然我国刑法学界公认的是不作为犯罪具有行为性,但支持的理由却各不相同,而且至今为止也没有一个令人信服的结论。再简单介绍并评析其他几种关于不作为的观点。关于不作为的行为性问题,具有代表性的观点有以下几种:第一种观点认为,不作为的行为性,应当从社会价值的角度入手,不作为之所以与作为一样同属于危害行为,同样可以成立犯罪,归根结底就在于不作为是"应为而不为",它同作为在侵害一定的社会关系这一点上是相同的(具有同等的否定性价值)。[②] 第二种观点认为,不作为的行为性,应当从规范意义的角度来理解。不作为并不是单纯的"无",而是没有实施应当实施的行为,法律所设计的行为规范,无非是禁止性、命令性和授权性的,对授权性规范不产生违法问题,对禁止性规范与命令性规范的违反就

---

① 张明楷:《刑法格言的展开》,法律出版社 2003 年版,第 134 页。

② 高铭暄、马克昌:《刑法学》,北京大学出版社、高等教育出版社 2014 年版,第 66 页。

是违法。违反禁止性规范就是"不应为而为",违反命令性规范就是"应为而不为",前者属于作为,后者属于不作为。而且禁止性规范是为了禁止人们实施侵犯合法权益的行为,而命令性规范是命令人们实施保护合法权益的行为,违反命令性规范与违反禁止性规范,都意味着合法权益受到损害。这不仅说明不作为也会产生结果,而且说明作为与不作为实质上相同。因此肯定不作为也是行为。① 第三种观点把行为作为法律评价之前的事实概念来加以评价。从存在论的角度,行为是指物理的身体的运动,因此在这个意义上,不作为的确处于静止状态,不具有有体性,不是行为。但是作为法规范意义上的行为,则不必仅限于自然存在论上的行为概念,而应以法规范所规定的内容(即犯罪构成要件)为依据加以认定。在这个意义上,不作为又确实具有行为性。这种观点与第二种观点有些类似。第四种观点从不作为与作为在否定价值上的等价性说明不作为的行为性。公然侵害他人的权利(作为)是一种具有社会危害性的行为,不履行自己应当并且能够履行的义务(不作为),同样是侵害他人的权利因而具有社会危害性的行为。从这个意义上说,不作为与作为具有等价性,即在否定价值上是相同的,而这种等价性就是由其所侵犯的社会关系的性质所决定的。从一定的社会关系出发,就可以确定无疑地阐述不作为的行为性。②

上述第一种观点,从社会价值的角度对不作为的行为性进行评析,认为作为与不作为在侵害社会关系上具有同等的否定性价值。笔者认为该观点并没有从正面说明不作为的行为性问题,而是从价值评判的角度说明不作为为什么是犯罪。而第二种观点认为不作为并不是单纯的"无",而是没有实施应当实施的行为,不作为是"应为而不为",违反的是命令性规范,可见第二种观点是从规范意义的角度来理解不作为的行为性问题。笔者认为从规范意义的角度理解不作为的行为性问题无可厚非,但关键是不作为仅仅是消极的身体举动,刑法的命令性规范仅仅规定的是行为人禁止实施的行为,这就意味着行为人不得实施刑法的命令性规范所禁止实施的行为,如何理解其行为性问题,这一难题还是没有从根本上解决。第三种观点认为把行为作为法律评价之前的事实概念来加以论述在方法论上是不足取的。行为是法律评价的对象,而将其作为评价之前的事实是不正确的。第四种观点也是从否定价值的等价性的角度来说明不作为的行为性,与第一种观点的不同之处在于是从社会危害性的角度来说明,并没有从正面即直接的行为角度来说明不作为的行为性问题。

---

① 张明楷:《刑法格言的展开》,法律出版社 2003 年版,第 133-134 页。

② 陈兴良:《刑法哲学》,中国政法大学出版社 1992 年版,第 225 页。

(三)不作为犯罪的行为性的重新诠释

由于刑法理论中犯罪行为属于最主要的行为形式,因此笔者以“不作为犯罪的行为性问题”作为研究对象更具有实践意义。笔者认为,如果将行为理解为行为人控制或应该控制的客观条件,作用于具体人或物的存在状态的过程,这些问题也就迎刃而解了。何谓“不作为”,并非行为人没有任何的身体举动,而是行为人控制或应该控制的客观条件,作用于犯罪对象的过程。行为人本身可能没有任何身体举动,但他通过控制或应该控制的客观条件,作用于犯罪对象,从而导致危害结果的发生。不作为的行为性就在于此。简单地说,就是行为人利用客观条件作用于犯罪对象,从而导致危害结果的发生。行为人并没有直接参与犯罪的实行行为,而是利用客观条件实施的行为。这里的客观条件可以是他人的行为,也可以是自然进程或非法律行为,也可以是先行行为。共同点都是行为人没有直接参与实行行为,而是控制或应该控制的客观条件作用于行为对象,达到犯罪目的的行为。

我们可以从作为犯罪的行为性问题入手展开研究。作为犯罪首先是行为,也是犯罪行为,就应当满足犯罪应当具备的四个构成要件。作为犯罪应当具备犯罪构成的客体要件、主体要件、主观方面的要件以及客观方面的要件。由于作为是行为人以身体活动实施的违反刑法禁止性规范的行为,那么作为犯罪的行为性就显而易见,即行为人以积极的身体动作实施的危害社会的行为。作为犯罪的实施方式一般有以下几种:①行为人利用自己的身体实施的犯罪行为;②行为人利用物质性工具实施的犯罪行为;③行为人利用自然力实施的犯罪行为;④行为人利用动物实施的犯罪行为;⑤行为人利用他人实施的犯罪行为。虽然作为犯罪的实施方式不同,但共同特征都是行为人以积极的身体动作实施危害社会的行为,行为人的行为方式是积极主动地达到犯罪目的或实现危害结果。

经过重新诠释的行为概念也可以解释作为犯罪的行为性问题。所谓犯罪行为是指行为人控制或应该控制的客观条件,作用于刑法所保护的人或物的存在状态的过程。而作为犯罪也不例外,其行为性就体现在行为人控制或应该控制的客观条件,包括以上提出的五种客观条件,作用于具体的人或物的存在状态的过程。也就是说,在作为犯罪中,行为人在主观罪过的支配下,以积极的身体活动实施的作用于犯罪对象的危害社会的行为。作为犯罪是行为人的控制能力与控制义务的表现,行为人是在具备辨认能力与控制能力的基础上,积极地利用客观条件控制自己的行为从而导致危害结果的发生,这是对直接故意的作为犯罪的行为过程所做的解释;而对于间接故意的作为犯罪而言,是行为人在具备辨认能力和控制能力的基础上,有意识地不运用对自己行为的控制能力,不设法阻止自己对于行为性质的认识转化为客观现实的行为方式，这是对间接故意的作为犯罪的行为性进行的解释；过失犯罪行为的犯罪结果都是在行为人有某种认识错误的情况下发生的。过于自信的过失犯罪，是行为人应该控制自己的行为不发生危害社会的结果，但由于过高地估计自己的能力或过低地估计客观条件的作用从而导致危害结果发生的行为；疏忽大意的过失犯罪行为，是行为人应该控制自己的行为不发生危害社会的结果，但由于疏忽大意而没有预见，因而导致危害结果的发生。可见，作为犯罪行为，是行为人控制或应该控制的客观条件，作用于具体的人或物的存在状态的过程。行为人以积极的身体动作实施了为刑法所禁止的行为或行为人应该控制自己不实施刑法所禁止的行为却没有控制，因而导致犯罪结果发生的行为方式。

对于不作为犯罪而言，由于不作为犯罪首先是犯罪行为，当然也是行为，因而应当符合刑法中一般意义的行为概念。所谓刑法中一般意义的行为，是指行为人控制或应该控制客观条件，作用于具体人或物的存在状态的过程。由于不作为并非没有绝对意义的身体举动，不作为的刑法规范也并非全部都是命令性规范，因而不作为犯罪的行为性问题难点也就在于此。不作为犯罪既然是犯罪行为，在客观方面的表现就应当符合犯罪构成客观要件的内容。简而言之，不作为犯罪就是行为人控制或应该控制的客观条件，作用于刑法所保护的具体人或物的存在状态的过程，也就是行为人利用客观条件作用于行为对象的过程。

相对于作为犯罪而言，不作为犯罪可以有以下几种表现形式：①行为人本身可能没有参与实行行为，通过利用他人的行为改变行为对象的存在状态，达到犯罪目的，产生危害结果，因而构成犯罪的。在此种情形下，行为人正是控制或应该控制他人的行为，来达到犯罪的目的或导致危害结果的发生。此种情况可以解释为何狭义共犯人本人（帮助犯、教唆犯）并没有实行行为而追究其与实行犯罪名相同的刑事责任。例如仓库管理员与他人共同犯罪，本人没有参与盗窃，但没有履行监管责任。虽然没有实行行为，但利用同伙的行为，达到了犯罪目的，因而构成不作为犯罪。②利用自然进程或非法律行为，造成严重的危害后果，构成犯罪的。例如，房主久经租户催促，仍不修缮有倒塌危险的房屋，最终房屋倒塌而租户被压死。此种情形主体可能没有实施任何积极的身体动作，但导致某种自然进程的发生或非法律行为的实施。先行行为导致的不作为犯罪。由于行为人的先行行为而使刑法所保护的社会关系处于比较危险的状态时，行为人虽然没有实行行为，但行为人没有采取有效措施排除危险或防止危害结果的发生，因而构成犯罪。由此可见，不作为犯罪的这三种主要的表现形式都可以归结为行为人控制或应该控制的客观条件，作用于刑法所保护的人或物的存在状态的过程。

这里利用的"客观条件"既可以是利用他人的行为,也可以是利用自然进程或非法律行为,还可以是先行行为。因此,不作为犯罪正是通过对客观条件的控制或应该控制,作用于犯罪对象,从而导致危害结果的发生,与行为人利用犯罪工具实施犯罪行为并无实质意义的区别,因此不作为犯罪也是行为,其行为性也就在于此。

第三节　正当行为的正当性根据

关于正当行为,我国《刑法》第二十条规定:"为了使国家、公共利益、本人或者他人的人身、财产和其他权利免受正在进行的不法侵害,而采取的制止不法侵害的行为,对不法侵害人造成损害的,属于正当防卫,不负刑事责任。"第二十一条规定:"为了使国家、公共利益、本人或者他人的人身、财产和其他权利免受正在发生的危险,不得已采取的紧急避险行为,造成损害的,不负刑事责任。"我国刑法立法明确规定正当行为包括正当防卫、紧急避险等行为。日本、韩国、意大利、西班牙、瑞士等国家的刑法还规定有依照法令的行为、正当业务行为、自救行为等。我国刑法对于此类行为虽然没有明确规定,但我国刑法理论和司法实践都认为此类行为没有社会危害性,是正当行为。

笔者认为,要研究正当行为的行为性,首先应当明确正当行为的性质。正当行为究竟是不是在形式上符合构成要件而在实质上不具有社会危害性而被称为正当行为的,搞清楚这一点很重要。

一、正当行为的正当性根据

对于正当行为来说,首先要研究的是正当行为的正当性根据问题。对于正当行为,现代世界各国刑法基本上都规定不负刑事责任,但其正当性根据却众说纷纭,意见不统一。刑法中的正当行为在大陆法系刑法理论中一般被称为"违法阻却事由"。但关于正当性的根据,大致有两种见解。形式意义的"违法阻却事由"。典型观点有:"关于符合构成要件已被推定有违法性的行为,但推翻其推定成为不具有违法性的事由时,就叫作违法性阻却事由。"[①]或者"违法性阻却事由,意指排除符合构成要件的行为的违法性的事由。在通常情况下,如果某种行为具有构成要件符合性,那么,该行为就是违法的。但在某些情况下,由于某种特殊事由的存在,排除了该行为的违法

① 福田平、大塚仁:《日本刑法总论讲义》,李乔石、周世铮译,辽宁人民出版社 1986 年版,第 86 页。

性，或者说使符合构成要件的行为不具有违法性，这种特殊事由就是违法性阻却事由，也称为正当化事由”。[①] 实质意义的“违法阻却事由”。典型观点有：“所谓容许（违法性阻却事由），是指作为事实对法益予以侵害，或者使之危险化的行为中，对于该当构成要件的行为，根据该法益所处的状况，刑法规范作为容许规范表现出来，对该行为做出有价值的判断而予以容许的场合。”[②] 或者“排除犯罪的客观原因（cause oggettivo di esclusione del reato）一般被定义为‘在一般情况下为法律所禁止的行为，因为法律的命令、授权或认可而不构成犯罪的特殊情况’，亦称‘排除犯罪的行为’（scriminanti）、‘正当化原因’（cause di giustificazione）、‘合法化原因’（cause di liceità）‘排除违法性原因’（cause di esclusione dell’antigiuridicità）等”。[③] 或者“……经法律规范授权或命令实施的行为，即刑法中的‘正当化原因’（cause di giustificazione）”。[④] 可见，第一种观点是大陆法系犯罪构成理论自身演绎的结果。犯罪的成立须具备构成要件的符合性、违法性与有责性三个要件。该当符合构成要件的行为一般是违法的，但在具备了特定事由时，该特定事由阻却了违法性，也就阻却了行为的犯罪性，因而成为正当化行为的正当性根据。但该观点却只强调正当行为的规范作用在于阻却违法性，但阻却违法的实质原因，即正当行为的价值作用却没有涉及。第二种观点显然与第一种观点不同，是从刑法规范可分为容许规范与禁止规范入手，正当行为是符合容许规范的行为，从行为在刑法上的价值评价入手研究正当行为的正当化根据问题。

我国刑法理论也认为，正当行为不负刑事责任，其正当化的根据理论上的主流观点有两种。第一种观点认为，正当行为，有的亦称排除社会危害性的行为，是指某一行为从形式上看符合某种犯罪构成要件，但基于某种特殊的情况而实质上没有社会危害性，因而不构成犯罪的行为。这类行为的特征是：行为在形式上符合某一犯罪的构成要件；行为在实质上没有社会危害性，而且是对个人和社会有益的行为。[⑤] 后来这一观点又经过修正，认为正当行为是指客观上造成一定的损害结果，形式上符合某些犯罪的客观要件，

---

① 张明楷：《外国刑法纲要》，清华大学出版社 1999 年版，第 148 页。

② 野村稔：《刑法总论》，全理其、何力译，法律出版社 2001 年版，第 220 页。

③ 陈忠林：《意大利刑法纲要》，中国人民大学出版社 1999 年版，第 156 页。

④ 杜里奥・帕多瓦尼：《意大利刑法学原理》，陈忠林译，法律出版社 1998 年版，第 142 页。

⑤ 高铭暄：《刑法学》，北京大学出版社 1998 年版，第 136 页。

但实质上既不具备社会危害性，也不具备刑事违法性的行为。[①]

以上两种关于正当行为的正当性根据的观点，是经过修正并逐步完善的。第一种观点认为，正当行为是形式上符合构成要件，但实质上不具有社会危害性，因而是正当的，是不应当承担刑事责任的。笔者认为，犯罪构成应当是形式与实质的结合，认为"正当行为在形式上符合构成要件而实质上又不具有社会危害性因而不是犯罪，不承担刑事责任"的说法是存在矛盾的。正当行为形式上符合构成要件，就意味着成立犯罪；既然成立犯罪，必然具备社会危害性。对于正当行为而言，笔者认为即使是形式上也不符合犯罪的构成要件。正当行为是行为人在行为时认识到自己行为的性质是为了保护国家利益、公共利益以及本人或他人的合法权益，并运用自己的辨认能力和控制能力，作用于实施不法侵害的犯罪人，阻止不法侵害继续实施的行为。由于行为人在行为时并不是控制或应该控制自己的行为产生危害社会的结果，相反是为了阻止不法侵害的实施，因而不具备犯罪构成的主观要件；由于行为人在行为时已经认识到自己的行为是为了阻止不法侵害的实施，是为了维护国家利益、公共利益以及本人或他人的合法权益的，即认识到自己的行为性质是合法的，因而行为的客体要件是国家利益、公共利益以及本人或他人的合法权益，不符合犯罪行为的客体要件；对于行为人本人来说，虽然也具备刑事责任能力，但由于行为时并不具备主观罪过，因此也不能认定行为主体是犯罪主体；而且行为的客观方面是针对不法侵害实施的，因而也不能认为是不法侵害行为。可见，正当行为即使在形式上也是不符合犯罪构成要件的。犯罪构成是追究犯罪人刑事责任的根据，行为符合犯罪构成也就成立犯罪。笔者赞同犯罪概念是犯罪构成的基础、犯罪构成是犯罪概念具体化的观点，通过犯罪概念与犯罪构成判断行为性质的结论应当是同一的。为何传统的正当行为的性质会出现两者矛盾的情况，原因就在于对正当行为主观要件的认定上，也可以认为对犯罪构成主观要件的内容存在误解。

传统的观点也对上述说法进行了修正，所谓"正当行为"是指客观上造成一定损害结果，形式上符合某些犯罪的客观要件，但实质上既不具备社会危害性，也不具备刑事违法性的行为。[②] 持该观点的学者认为，正当行为具有如下特征：首先，正当行为在形式上具备某种犯罪的客观要件。例如正当防卫为了制止正在进行的侵害而实施的正当损害行为和紧急避险为保全较大合法权益造成某种合法权益的损害行为，均对实施对象造成了一定的损

①② 高铭暄、马克昌：《刑法学》，北京大学出版社、高等教育出版社 2014 年版，第 126 页。

害。此为刑事立法规定排除正当行为刑事违法性和刑法理论研究正当行为的原因之一。其次,正当行为在实质上不符合该类犯罪的构成要件,不具备社会危害性,也不具备刑事违法性。正当行为仅仅在客观上造成了一定的损害结果,但并不具备犯罪客体、犯罪主体、犯罪主观要件。笔者认为,犯罪构成要件是辩证统一体,四个构成要件是相互紧密联系、互相作用的。行为是主体的存在形式,是主体能力和义务的体现;行为是主体与客体相互作用的结果,是主体特定心理状态在客观世界的展开,是主体控制或应该控制的客观条件作用于行为对象即具体人或物的存在状态的过程。可见,各个构成要件是互相以对方为成立的条件的,缺一不可。因此,在实践上不可能存在某些犯罪在形式上符合客观要件,而在实质上不具备社会危害性或刑事违法性的行为。换言之,正当行为在形式上也不符合犯罪构成的客观要件。犯罪行为的客观构成要件是行为人实施的对社会有危害性的行为,但正当行为的实施是为了保护国家利益、公共利益、自己和他人的合法权益,因而也不具备犯罪行为的客观要件。笔者认为,正当行为无论在形式上还是实质上都不符合犯罪的构成要件,因而不是犯罪行为,不承担刑事责任。

二、刑法评价范畴的准入根据

既然正当行为不是犯罪行为,刑法评价正当行为的根据何在?刑法是否有必要或有义务对正当行为进行评价呢?这也是在刑法理论研究中值得探讨的问题。

作为惩罚措施最为严厉的刑法为何要将正当行为纳入评价范畴呢?传统的观点认为,正当行为在形式上符合构成要件,而在实质上不具有社会危害性,因而将其纳入刑法评价的范畴。笔者对此持反对的意见。正当行为无论在形式上还是实质上都不符合犯罪构成,不是犯罪行为。

首先,正当行为属于"刑法中的行为",与犯罪行为在客观性质上类似,两者的区别主要就是主观要件的不同。犯罪构成主观要件是以行为人对犯罪行为的认识和控制状态为内容的。正如《刑法》第十四条和十五条规定:"明知自己的行为会发生危害社会的结果,并且希望或者放任这种结果发生,因而构成犯罪的,是故意犯罪。""应当预见自己的行为可能发生危害社会的结果,因为疏忽大意而没有预见,或者已经预见而轻信能够避免,以致发生这种结果的,是过失犯罪。"根据刑法的规定可见,无论是故意犯罪还是过失犯罪,都要求行为人对自己行为性质、行为结果和行为发展过程有所认识,认识到自己的行为是会发生危害社会的结果的行为。而正当行为诸如正当防卫行为,行为人认识到自己所从事的行为是对社会有益的行为,是为了使国家、公共利益、本人或者他人的人身、财产和其他权利免受正在进行

的不法侵害，而采取的制止不法侵害的行为。因此，主观要件是区分犯罪行为与正当行为的重要依据。既然正当行为主观要件不具备，相应地，行为主体也不是犯罪主体，行为的客观方面也不具备犯罪行为的客观性质，也没有侵犯刑法所保护的社会关系。因此，笔者认为，正当行为在形式上符合构成要件，而在实质上不具有社会危害性的说法是不正确的。正当行为只是在客观性质方面与犯罪行为类似，而根本不具备犯罪构成的各个要件。刑法之所以将正当行为纳入刑法评价的范畴，就在于正当行为与犯罪行为在客观性质上类似。申言之，为什么将与犯罪行为客观性质类似的行为纳入刑法评价的范畴呢？笔者认为有两个原因：一是由于刑法是惩罚措施最为严厉的法律，如果仅仅从客观方面判断行为的性质与犯罪行为类似，会造成实际中的客观归罪。纳入刑法评价的范畴，从法律角度对此类行为进行定性，以区分正当行为与犯罪行为。二是为了防止对于正当行为进行私力救济，才纳入刑法评价的范畴，由刑法给予认定是否是犯罪行为，是否应当受到刑罚处罚。

其次，对于正当行为的行为性来说，笔者认为，正当行为之所以被称为正当行为，并不是在形式上符合构成要件，而实质上不具有社会危害性的行为。正当行为在形式与实质上均不符合犯罪行为的构成要件，形式与实质是统一的，而不可能是矛盾的。那么，正当行为是指行为人认识到自己的行为是对社会有益的行为，并控制自己制止不法侵害的行为。其行为性就在于在认识自己行为性质的基础上，控制自己的行为以制止不法侵害，维护国家、公共利益、本人或者他人的人身、财产和其他权利。还应当强调的是，既然正当行为不具备犯罪构成的主体要件，那么就无法认识到自己的行为是否为刑法所禁止的行为，也就无从谈起是否侵犯了刑法所保护的社会关系，因此也就不能认为正当行为是刑法所禁止的行为。我国的犯罪构成是四大构成要件有机统一的整体，四个构成要件只要一个不具备，其他几个构成要件也不可能具备。因此，有学者认为正当行为只是形式上具备犯罪构成的客观要件，但并不具备犯罪客体、犯罪主体、犯罪主观要件的说法也是值得商榷的。也可能存在这样的情况，行为人没有意识到自己的行为是正当行为，而是以为自己进行的就是犯罪行为。这种情况属于法律认识错误，不影响行为性质的认定。

第四节 狭义共犯的处罚依据及共犯的处罚原则

所谓共同犯罪，是指两人以上共同故意犯罪。如果按照传统的行为概念，共同犯罪存在以下问题：狭义共犯（帮助犯、教唆犯等）本身未直接参与

实行行为,对其处罚的根据何在?为何共同犯罪刑事责任的承担原则是“部分行为共同责任”?这是共同犯罪中必须解决的问题,也是判断一个重新定性的行为概念是否科学的又一个不容回避的问题。

一、狭义共犯的处罚根据

首先需要说明的是,狭义共犯是借用外国刑法理论中的提法,一般认为狭义共犯包括帮助犯与教唆犯。狭义共犯的处罚根据问题,也是行为概念必须解决的问题。为何狭义共犯本人并不直接参与共同犯罪的实行行为,而要追究其刑事责任?狭义共犯的行为性是怎样体现的?这些问题都需要在理论上加以明晰。所谓“共犯的处罚根据”,是指没有实行正犯行为者即共同正犯中的正犯者以外的共同者、教唆者及帮助者被处罚的实质的根据。[①] 外国刑法中对狭义共犯的处罚根据有“责任共犯说”“不法共犯说”“因果共犯论”与“可罚借用说”等学说。

“责任共犯说”认为,由于共犯者将正犯者引诱至责任与刑罚中,或者说由于共犯使正犯者堕落,所以共犯也应当受处罚。[②] 德国学者麦耶(H. Mayer)较早提倡此说:“教唆者一方面对法益加以侵害,他方面对正犯者加以侵害,是在两重形态上犯罪。与其将外部的损害的惹起看作犯罪的本质,不如反对伦理秩序的侵害看作犯罪的本质。这个诱惑的要素比客观的法益侵害,原则上还要重要。”[③] “责任共犯说”原先在德国是有力的学说,但由于该学说与德国的刑法规定不符,德国刑法规定共犯者各依自己的责任受处罚,他人的责任不影响对共犯的处罚,因而现在德国的通说是“不法共犯说”。

“不法共犯说”的理论根据是结果无价值,即法益侵害说。该学说认为,共犯者惹起了正犯者的故意,致使正犯者实行符合构成要件的违法行为或者以某种援助行为促进了违法的正犯行为,因而共犯者要受到处罚。这一学说也被称为惹起说或促进说。[④]日本刑法理论的通说也是“不法共犯说”,从形式上说,教唆犯、帮助犯的处罚根据是教唆、帮助行为符合教唆犯、帮助犯的修正的构成要件,具有违法性,教唆犯、帮助犯具有责任。从实质上说,处罚教唆犯,要求唆使被教唆者产生犯罪的决意,而且惹起了被教唆者实行

---

① 马克昌:《比较刑法原理·外国刑法学总论》,武汉大学出版社 2002 年版,第 701 页。

②④ 张明楷:《外国刑法纲要》,清华大学出版社 2012 年版,第 310 页。

③ 转引自马克昌:《比较刑法原理·外国刑法学总论》,武汉大学出版社 2002 年版,第 702 页。

犯罪这种违法事态;处罚帮助犯,要求对正犯者实行犯罪实施了援助行为,而且使正犯者实行犯罪更为容易。被教唆者、被帮助者只要实施了符合构成要件的行为,而且违法就够了,是否具有责任对教唆犯、帮助犯的成立不产生影响。因此,狭义共犯的处罚根据应当采用"不法共犯说"。

"因果共犯论"是由日本学者牧野英一提出的学说。这一学说以因果关系为中心来把握共犯的处罚根据,认为共犯是通过介入他人的行为即通过正犯者的行为,而给犯罪的实现产生影响力,因此,共犯的行为与犯罪的实现之间具有因果关系;只要教唆、帮助行为与实行行为之间具有相当的因果关系,就能够而且应当认定教唆、帮助的独立的犯罪性。

根据以上分析,"责任共犯说"将共犯的处罚根据归结于共犯使正犯堕落,陷入罪责和刑罚之中,因而应当追究共犯的刑事责任。但"责任共犯论"将诱惑要素作为共犯的本质要素,特别是教唆犯的本质要素。诱惑要素解释教唆犯有一定的道理,但诱惑要素不能解释帮助犯,因而"责任共犯说"未免失之片面。而"因果共犯说"和"不法共犯说"都是建立在结果无价值的基础上,认为共犯的处罚根据在于共犯引起了正犯的结果无价值,即共犯与正犯共同引起了正犯所实现的犯罪结果。但仅从客观方面追究共犯的刑事责任而不考虑共犯的主观特性,显然与近代刑法的责任原则不相符合。

我国刑法理论则认为,共犯的处罚根据,应当根据主客观统一的原则来寻求。共犯在客观上教唆或帮助正犯,共同引起正犯的犯罪事实或犯罪结果,具有社会危害性;同时,共犯在主观上希望或放任自己的教唆行为或帮助行为,促使或便于正犯的犯罪事实或犯罪结果发生,具有人身危险性。各国刑法之所以规定处罚共犯,原因当在于此。[①] 笔者也赞同根据主客观统一原则来寻求狭义共犯的刑事责任,但追究狭义共犯人的处罚根据还是由于狭义共犯人本人的行为就构成了刑法中的行为,达到犯罪程度的,构成犯罪行为。简言之,就是共犯人的行为构成了犯罪行为。理由如下:首先,共犯人的行为单独构成犯罪行为。刑法中的行为是行为人控制或应该控制的客观条件,作用于具体的人或物的存在状态的过程。正犯的行为在理论上没有争议,其实施的是符合刑法分则规定的具体犯罪构成的实行行为。那么狭义共犯的行为是否是独立的行为呢?能否单独成立犯罪行为,这也正是行为概念所研究的问题。笔者认为,根据重新定性的行为概念,共犯的行为也是行为,是控制或应该控制的客观条件,作用于具体的人或物的存在状态的过程。只是共犯控制或应该控制的客观条件,在这里表现为正犯的行为。也就是说,共犯人通过利用正犯的实行行为来实现自己的犯罪目的。而正

---

① 马克昌:《比较刑法原理》,武汉大学出版社 2002 年版,第 706 页。

犯也是通过利用共犯的行为才得以顺利实施犯罪的实行行为。应该说,共犯人的行为与正犯的实行行为互相作用,互相以对方为客观条件加以利用,从而得以顺利地完成犯罪,实现犯罪的目的。其次,共犯人具有单独的主观罪过。在共同犯罪中,共犯人并不是全部依附于正犯,而是有着自己的主观罪过。在实施共同犯罪的过程中,共犯人认识到自己行为的性质是帮助行为或教唆行为,并且控制自己的行为使正犯者产生犯意或为正犯者实施犯罪提供便利条件,利用正犯的行为使自己的主观罪过转化为客观现实。共犯人既然有独立的罪过,且有自己的行为,因而应当对共犯人进行处罚,并且是在其主观罪过的范围内依照自己的行为进行处罚。按照这个处罚原则,共同犯罪中的一系列问题,诸如那些在理论上无法纳入共同犯罪的范畴中而实践中又经常遇到,只好在理论上用一些字面上就可以显现矛盾的称谓,诸如间接正犯、片面共犯、同时犯等,就可以得到圆满的解释。这些问题将在下文“共犯的处罚原则”中详细阐述。

二、共犯的处罚原则

我国刑法理论认为,共同犯罪的处罚原则是“部分行为共同责任说”,这种提法值得商榷。理由如下:第一,既然狭义共犯者实施的是部分行为,为何要对整体行为的整体后果承担责任,此种说法在逻辑上显然是行不通的。第二,狭义共犯的行为为何是部分行为,难道只有正犯的实行行为才可以被称为整体行为吗?还是共犯者的行为与正犯的行为结合起来才能被称为整体行为?第三,对于被教唆者未按照教唆犯的意思实施犯罪的,教唆犯也实施了教唆行为,如何确立整体责任?可见,一系列问题的提出,似乎说明“部分行为共同责任说”的处罚原则存在问题。

按照重构的行为概念,刑法中的行为是行为人控制或应该控制的客观条件作用于具体的人或物的存在状态过程。各个共同犯罪人正是在自己罪过心理的支配下,利用其他共同犯罪人的行为,达到危害结果的发生即可。狭义共犯人利用正犯者的行为实现自己的犯罪意图,而不论狭义共犯人是否参与实行行为也成立犯罪;同时正犯者也是在教唆犯、帮助犯的教唆、帮助下,产生犯意并进而实行犯罪的。根据重新定性的行为概念,可以解释共犯者责任的承担问题。笔者认为,对于共犯的处罚,应当按照“各共犯人在自己的主观罪过范围内,依照各自的行为进行处罚”的原则进行处理。当然,这里的行为是经过重新定性的行为,而非传统意义的行为概念,否则还是无法对共犯的行为性问题进行解释。

那么,按照“各共犯人在自己的主观罪过范围内,依照各自的行为进行处罚”的原则进行处理是否也会出现问题呢?笔者坚持认为,对于传统的概

念不能轻易就加以否定，必须有充分的理论依据，并且要经过实践的检验证明。只有在能够解决实践中存在的问题时，才能令人信服，重新确立的行为概念才能真正站得住脚。按照重构的行为概念，行为是行为人控制或应该控制的客观条件作用于刑法所保护的人或物的存在状态的过程。在共同犯罪中，狭义共犯人与正犯者互相利用对方的行为导致犯罪结果的发生即可，共犯的行为性也就在于此。可能狭义共犯人并没有直接参与犯罪的实行行为，但狭义共犯人是利用正犯的行为实现自己的犯罪意图并转化为客观现实的。其实这并不难理解，利用犯罪工具实施犯罪与利用他人实施犯罪在行为的定性方面并无实质区别，行为人用刀杀人与假借他人之手杀人难道不都是杀人吗？罪名上难道还必须强调一个是利用犯罪工具实施，一个是利用他人的行为实施吗？可见，只要将行为理解为行为主体控制或应该控制的客观条件，作用于具体的人或物的存在状态的过程，共犯人的行为性问题，就在于各个共同犯罪人正是在自己罪过心理的支配下，利用其他共同犯罪人的行为，达到危害结果的发生即可。狭义共犯人利用正犯者的行为实现自己的犯罪意图，而不论狭义共犯人是否参与实行行为也成立犯罪。因而，狭义共犯人才应当在自己的主观罪过范围内，依照各自的行为进行处罚。

至于间接正犯、片面共犯、同时犯的问题，能否按照“各共犯人在自己的主观罪过范围内，依照各自的行为进行处罚”的原则进行处理呢？对于共同过失行为，甚至一方是故意、一方是过失的行为，是否也可以按照这个原则进行处理呢？我们可以具体分析：

首先，间接正犯与片面共犯问题。对于间接正犯而言，笔者认为称谓就值得商榷。所谓正犯者就是直接参与犯罪实行行为的行为人，既然主体没有参与实行行为，而是利用无刑事责任能力的人实施犯罪行为，那么其又怎么能套用正犯的称呼，用间接正犯来称谓呢？问题在于对间接正犯的行为没有准确定性。间接正犯是行为人利用无刑事责任能力的人实施的，这与利用犯罪工具实施犯罪有什么区别？将其单独定罪不会产生任何问题，何必用间接正犯的称谓来使人产生误解呢？对于片面共犯也一样，其称谓首先就值得商榷。既然共同犯罪要求有共同的犯罪故意，那么对于一方有共同犯罪的故意，一方不知情的情况就不能以共犯或片面共犯来作为称谓。片面共犯的行为性也就在于有共同犯罪故意的一方，是利用不知情一方的实行行为来完成犯罪的，片面共犯的行为性也就在于此，虽然片面共犯人本人并没有参与实行行为，只是暗中帮助，双方也没有意思联络，但由于其是利用不知情一方实施的行为而达到犯罪目的，因而其行为也是犯罪行为，应当要求其承担刑事责任。

其次，对于同时犯而言，笔者认为，既然双方没有意思联络，又是各自实施自己的行为，也可以依照各自的行为，在自己的主观罪过范围内承担刑事责任的原则进行处理。有人可能会产生这样的疑问，犯罪结果必然是多个主体共同造成的。当然，同时犯与一般的单个人实施犯罪造成的犯罪结果肯定有所区别，在同时犯的情形下，双方是互相利用对方的行为达到犯罪目的的（虽然实际上自己并不知道有人在实施与自己同样的行为），但其个人的行为已经将对方的行为及造成的结果包含在自己的行为中，属于自己行为的一部分。因为行为是利用客观条件的过程，对方的行为也是利用的客观条件之一罢了。

再次，对于共同过失行为或是一方故意、一方过失行为的情况，我国刑法理论将其排除在共同犯罪之外，依照单独犯罪处理。传统的处理方法与“各共犯人在自己的主观罪过范围内，依照各自的行为进行处罚”的原则并不冲突。只是共同过失行为与一方故意、一方过失的行为，毕竟与单独犯罪不同，危害结果的发生是多方共同造成的，其个人的行为已经将对方的行为及结果包含在自己的行为中，属于自己行为的一部分，其行为的内容是包含其他人的行为内容的，因而可以按照“各共犯人在自己的主观罪过范围内，依照各自的行为进行处罚”的原则进行处罚，并且与罪刑相适应原则相协调。

结　论

刑法中的行为是作为犯罪成立前提的行为，在现代刑法中处于基础地位。大陆法系行为理论中的因果行为论、社会行为论、目的行为论、人格行为论各具特色，但仍存在各自难以解决的问题。我国刑法学界对于行为理论的研究起步较晚，对行为理论的研究相对滞后。而行为概念是行为理论的基石，一旦无法对行为概念进行准确定性，随之建立的犯罪论体系也就不可避免地出现诸如不作为犯罪的行为性、狭义共犯人的处罚依据等一系列难以解决的问题。如何对刑法中的行为概念进行重新诠释，是值得各国刑法学者思索的难题。基于此，笔者以"刑法中的行为概念研究"作为题目进行研究。行为理论的博大精深，是刑法学者的共识。作为刑法学界的后辈新人，以螳臂当车的勇气来研究刑法中的行为概念，仍是自不量力。虽呕心沥血、孜孜以求，仍是惴惴不安、战战兢兢。笔者提出一些不成熟的观点，求教于大家。

一、刑法中行为概念的界定

我国现有刑法理论中的行为概念，大多是针对危害行为展开的。一般认为，危害行为是在人的意志支配下实施的危害社会的身体动静。针对这个概念引发一系列的追问：一是客观方面概括为"身体动静"能否解决不作为的行为性问题；二是主观方面概括为"意志支配"能否涵盖所有刑法评价的行为；三是行为的"有害性"特征能否发挥刑法作为界限要素的功能；四是现有行为概念能否解决身份犯与持有犯的行为性问题。笔者认为现有的危害行为的概念有两点值得商榷：一是危害行为与刑法中的行为并不等同，刑法中的行为是作为犯罪成立前提的行为，是最广义的行为概念。而危害行为无论是按其本来含义是对社会有危害的行为，还是我国刑法理论将其特定化为犯罪客观方面的行为要素，都与刑法中的行为不同。二是危害行为按其本来含义应当属于犯罪行为的上位概念，而我国刑法理论将其作为犯罪客观方面的行为要素进行讨论，导致犯罪客观方面的行为要素与犯罪行

为的上位概念相等同的尴尬局面。研究刑法中的行为概念，首先就应当将几个与行为有关的概念区别开来。

（一）刑法中的行为

刑法中的行为是刑法中一般意义的行为概念，是作为犯罪成立前提的行为概念。笔者认为，刑法中的行为概念应当定性为：行为人控制或应该控制的客观条件，作用于具体人或物的存在状态的过程。我国《刑法》第十二条规定："中华人民共和国成立以后本法施行以前的行为，如果当时的法律不认为是犯罪的，适用当时的法律。"该条规定的行为，就是刑法中一般意义的行为，也就是最广义的行为概念，适用于一切行为，不仅包括犯罪行为，还包括正当防卫、紧急避险等行为。刑法中一般意义的行为，是犯罪成立的前提，是大陆法系构成要件符合性之前判断的行为。

（二）刑法评价的事实

刑法评价的对象并不仅仅局限于行为，刑法也并非对所有的行为都予以法律上的评价。刑法评价的对象有着共同特征，就是与犯罪行为的客观性质类似。刑法评价的对象不仅包括真正意义的行为，还包括刑法评价的非行为事实。确切地说，刑法评价的事实是指一切具有刑法意义，应按刑法规定予以法律评价的事实。它包括两个方面的内容：一是刑法评价的真正意义的行为，包括刑法评价的应当受到刑罚处罚的犯罪行为、刑法评价的具有正当性而为刑法所允许的正当化行为，以及刑法评价的因主体刑事责任能力不完全具备而不承担刑事责任的未成年人的行为，等等。二是刑法评价的非行为事实，包括精神病人在完全丧失辨认能力的情况下实施的"行为"以及意外事件等。为何是刑法评价的非行为事实而不是行为呢？关键就在于以上情形都是在行为人不能控制或不能辨认自己行为性质的情况下实施的，既不符合传统的行为概念，即不是在行为人主观意志支配下实施，也不符合重新定性的行为概念，即不是行为人控制或应该控制的情况，因而不是行为，确切地说应当是刑法评价的非行为事实。

（三）犯罪行为

犯罪行为是符合我国刑法规定的犯罪构成的行为。例如我国《刑法》第十三条规定的"行为"就属于在犯罪构成意义上的行为概念。该条规定："一切危害国家主权、领土完整和安全，分裂国家、颠覆人民民主专政的政权和推翻社会主义制度，破坏社会秩序和经济秩序，侵犯国有财产或者劳动群众集体所有的财产，侵犯公民私人所有的财产，侵犯公民的人身权利、民主权利和其他权利，以及其他危害社会的行为，依照法律应当受刑罚处罚的，都是犯罪，但是情节显著轻微危害不大的，不认为是犯罪。"犯罪行为与一般意

义行为的区别就在于,犯罪行为是符合犯罪构成的行为,而一般意义的行为的范畴远远大于犯罪行为,还包括其他属于刑法评价的行为诸如正当行为等。只要行为人控制或应该控制的客观条件,作用于刑法明确规定应当保护的具体的人或物的存在状态,就成立犯罪行为,这也与我国刑法规定的罪刑法定原则相协调。

(四)犯罪客观方面的“行为”

犯罪客观方面的“行为”,实质是犯罪行为的客观性质。我国《刑法》第十五条规定:“应当预见自己的行为可能发生危害社会的结果,因为疏忽大意而没有预见,或者已经预见而轻信能够避免,以致发生这种结果的,是过失犯罪。”该条规定的“行为”即为“犯罪客观方面的行为”。根据该条规定即可看出,犯罪客观方面的“行为”是不包含主观要件的,仅包含行为客观方面的要素。而行为应当是主观要件与客观要件的有机统一体,缺乏主观要件就不可单独成立行为,不具备独立存在的意义。而且,“犯罪客观方面的行为”不是孤立成立的,需要由犯罪行为其他各要件决定。“犯罪客观方面的行为”与犯罪主体要件、犯罪客体要件和犯罪主观方面的要件共同决定行为符合犯罪构成而成立犯罪行为。

二、刑法中行为概念的论证

本书贯彻始终的是刑法中的行为概念。笔者认为,所谓刑法中的行为,是行为人控制或应该控制的客观条件,作用于具体的人或物的存在状态的过程。

首先,论证行为概念中的“行为人”。行为首先是人的行为,是主体的存在和表现形式。因此,行为主体的辨认能力和控制能力是决定行为性质的前提和基础。行为主体通过对自己辨认能力和控制能力的运用,来改变具体的行为对象的存在状态,从而决定行为的性质。行为的主体要件至少由两个因素决定:一是主体对于自己行为的认识和控制能力。只有是主体能够控制的客观事实,才可能归因于主体,才可能是主体的行为。因此,主体对于某种行为的控制能力,是行为人成为该行为主体的关键,包括两个方面的内容:行为人的控制能力和控制义务。二是行为主体的主观能动性。当个人满足需要的方式与社会的需要相一致时,个人为了满足自己的需要,运用自己对于行为的辨认能力和控制能力就会对社会产生积极的影响,如刑法规定的正当防卫、紧急避险。从社会利益的角度,我们称这种主观能动性为积极的主观能动性。但如果个人满足需要的方式与社会的利益相冲突,个人为了满足自己的需要而运用自己对于行为的辨认能力和控制能力,就会破坏社会的稳定,对社会产生消极影响,我们称这种主观能动性为消极的主观能动性。而所谓的社会危害就是这种消极的主观能动性的体现。

其次，论证行为概念中的“控制或应该控制”。只有是主体能够控制的客观事实，才可能归因于主体，才可能是主体的行为。因此，行为概念中的“控制或应该控制”，是主体运用自己控制能力的实际状态，是行为概念的核心。主体的行为过程，是将主体的辨认能力和控制能力具体化为有一定内容的心理状况，并在这种心理状况的支配下控制自己行为性质的过程。因此，行为是主体特定心理状态在客观世界的展开，是主观要件的现实化。主观要件体现为行为人认识和控制自己行为性质的心理状态，包括行为人对行为的认识状况和控制状况两个方面的内容。行为的主观要件首先以认识因素为基础，即行为人认识到或应该认识到自己的行为及可能产生的后果，因而才能控制或应该控制自己的行为；其次是行为的意志因素，是行为人在认识因素的基础上，对自己行为的发展过程控制或应该控制的心理状态。行为主体通过对自己行为的控制状态，使主体认识状态中的主观内容转化为客观现实。可以分为三种情况：一是行为人有义务控制自己的行为使危害结果不发生，但行为人没有控制，从而导致危害结果发生的，行为人要承担刑事责任；二是行为人有义务控制自己不实施危害社会的行为，但采取希望或放任的态度，从而导致危害结果发生的，也应当属于刑法调整的范畴；三是行为人虽然可能已经认识到自己行为的性质，但由于无法控制或不能控制，从而导致危害结果的发生。由于不是在主观意志支配下实施的，因而不能认定为刑法中的行为，只能是刑法评价的事实，诸如意外事件。

再次，论证行为概念中的“客观条件”与“过程”。行为之所以是行为就在于能够引起外界的变化。如果仅仅体现行为人的目的性而没有引起外界的任何变化，是不能被称为行为的。因而，行为的实施过程也就是引起外界发生变化的过程。而发生这种改变是主体通过控制客观条件的属性来实现的。行为是主体在认识自己行为性质的基础上，控制或应该控制的客观条件作用于行为对象，使主体认识状态中的主观内容转化为客观现实的过程，这就是行为的客观方面。行为概念中的控制或应该控制的“客观条件”，主要有三种表现形式：一是行为人自身条件，包括行为人自身特殊的身份、地位等内容；二是行为人外部的自然条件，主要是指行为人利用犯罪工具、利用自然进程等实施犯罪行为；三是他人的行为，这种情况在共同犯罪中比较常见。研究行为人控制或应该控制的“客观条件”，对于确定犯罪行为的客观性质具有决定性的作用，对于解释不作为的行为性、狭义共犯人的处罚依据、原因自由行为等具有重要意义。首先，对于“不作为”来说，并非行为人没有任何的身体举动，而是行为人利用客观条件，作用于犯罪对象的过程。我们应当认识这样一个事实，实施行为并非一定要行为人本人亲自参与实

施，行为主体可以利用客观条件，可以利用他人的行为，可以利用自然进程等达到自己实现犯罪意图、造成损害结果的目的。行为人利用的客观条件，并不仅仅局限于犯罪工具与犯罪手段，完全可以利用他人的行为达到犯罪目的，这与他利用犯罪工具达到犯罪目的并没有实质的区别。其次，狭义共犯的处罚根据问题。一方面是狭义共犯人利用正犯行为达到犯罪目的，而本身却不直接参与犯罪的实行行为；另一方面是只要各共同参与人对犯罪行为有“客观上的加功”，就成立共同犯罪。再次，对于原因自由行为，目前肯定原因自由行为可罚性的理论成为通说，但可罚性理由却存在着争议。根据重新定性的行为概念，原因自由行为的行为性就在于行为人能够控制实行行为的先前状态而没有控制，导致实行行为的实施和危害结果的发生。虽然行为人在行为时没有控制能力，但由于其对先前状态能够控制而没有控制，因而应当追究原因自由行为人的刑事责任。对于行为概念中的“过程”而言，大陆法系行为理论将行为归结为“身体动静”或“身体举动”，并不能涵盖所有刑法中的行为。行为是从预备阶段发展到危害结果的发生的一个过程，而不是一个个孤立的身体举动或运动。如果没有行为人意志以外的原因或行为人本人意志因素的改变，行为就会按照行为人的意愿转化为客观现实，按照行为人认识的行为性质发展，直至结果的发生。行为的实施过程，既是行为人主观要件转化为客观现实的过程，也是行为人的辨认能力和控制能力的实际运用过程，更是行为人控制或应该控制的客观条件作用于行为对象的过程。因而将行为归结为“过程”，即行为人控制或应该控制的客观条件，作用于具体的人或物的存在状态的过程。

最后，论证行为概念中的“具体的人或物的存在状态”。行为是主体与客体相互作用的结果，主体运用自己的辨认能力和控制能力，作用于行为对象，通过影响和改变具体的人或物的存在状态，侵害或威胁客观事物所体现的社会关系。行为概念中的“具体的人或物的存在状态”是对行为对象的概括，行为的实施是通过具体的人或物的存在状态的改变体现刑法所保护的社会关系是否受到侵害或威胁。可见，行为对象与刑法所保护的社会关系是形式与实质的关系。也可以认为行为客体在事实层面上表现为具体的人或物的存在状态，在价值层面上表现为刑法所保护的社会关系。传统的关于犯罪对象的观点值得商榷，因而提出自己修正后的犯罪对象的若干特征：一是犯罪对象应当是“具体的人或物的存在状态”，犯罪行为的实施是通过改变具体的人或物的存在状态来实现的，而具体的人或物只能是行为客体要件的物质载体，并不能体现为犯罪行为所侵害而为刑法所保护的社会关系；二是所有的犯罪都有犯罪对象，原因就在于犯罪行为是通过改变具体的人或物的存在状态而实现的；三是犯罪对象并不一定必须具有合法性质；四

是犯罪对象与刑法所保护的社会关系是形式与实质的关系，是犯罪客体的“两个侧面”，不能割裂开来。

三、刑法中行为概念的实证分析

重构的刑法中的行为概念，应当能够涵盖刑法理论中所有的行为形式，能够解决现有刑法中行为概念所面临的一系列难题，只有这样才真正具有说服力，才能有坚实的基础得以在理论界立足，否则一切均是空谈。对刑法中行为概念的实证分析如下。

首先是无认识过失犯罪的行为性问题。犯罪行为是刑法的主要研究对象，也是刑法中行为的最主要表现形式。对于过失犯罪而言，无认识过失犯罪的行为性问题是传统难题。依照重新定性的行为概念，无认识的过失犯罪行为，也即疏忽大意的过失犯罪行为，是指行为人应当认识到自己行为的性质、危害结果以及行为与危害结果之间的因果关系，但由于疏忽大意而没有认识到，从而无法控制危害结果的发生。追究疏忽大意的过失犯罪的主观根据也就在于行为人应该控制而没有控制，从而导致危害结果发生的心理状态。值得注意的是，犯罪构成的主观罪过，不是静态的纯主观的行为人对危害后果的心理态度，而是有一定控制对象和控制内容的、动态的、能动的心理活动。行为人对行为对象的控制过程，已不仅仅是行为人内在的心理活动，而是使主观转化为客观并作用于客观的桥梁。这也是重新定性的行为概念较之传统的行为概念进步的地方。

其次是不作为犯罪的行为性问题。“不作为是行为”，既是法律格言，也是刑法学界公认的事实，但对不作为犯罪的行为性应当怎样论证却是刑法理论中的一大难题。不作为犯罪的行为性问题应当是重构后的行为概念重点解决的问题。所谓“不作为犯罪”，并非行为人没有任何的身体举动，而是借助他人的行为、利用自然进程或非法律行为或利用先行行为等客观条件，作用于犯罪对象并导致危害结果发生的过程。行为人通过对客观条件的控制或应该控制，改变具体的人或物的存在状态，可能行为人并没有任何身体举动，但他通过对客观条件控制或应该控制，仍然导致危害结果的发生。不作为的行为性就在于此。在解释不作为犯罪的行为性问题时，行为人控制或应该控制的“客观条件”就成了关键因素。具体有以下几种表现形式：一是利用自然进程或非法律行为，造成严重的危害后果，构成犯罪的。此种情形下主体可能没有实施任何积极的身体动作，但导致某种自然进程的发生或非法律行为的实施。二是由先行行为导致的不作为犯罪。行为人虽然没有实施犯罪的实行行为，但由于行为人的先行行为而使刑法所保护的社会关系处于危险状态，行为人没有采取有效措施排除危险或防止危害结果的

发生，因而构成犯罪。由此可见，不作为犯罪的这两种主要的表现形式都可以归结为行为人控制或应该控制的客观条件，作用于刑法所保护的人或物的存在状态的过程。这里所利用的“客观条件”既可以是自然进程或非法律行为，还可以是先行行为。

再次是正当行为的正当性根据问题。现代世界各国刑法基本上都规定正当行为不负刑事责任，但其正当性根据却众说纷纭，意见不一。我国刑法规定的犯罪构成应当是形式与实质的结合，传统的观点认为“正当行为在形式上符合构成要件而实质上又不具有社会危害性因而不是犯罪，不承担刑事责任”的说法是值得商榷的。正当行为形式上符合构成要件，就意味着成立犯罪；既然成立犯罪，必然具备社会危害性。而正当行为不仅不具备主观要件，在形式上也不符合犯罪构成的客观要件。犯罪行为的客观构成要件是行为人实施的对社会有危害性的行为，但正当行为的实施是为了保护国家利益、公共利益、自己和他人的合法权益，因而也不具备犯罪行为的客观要件。正当行为无论在形式上还是实质上都不符合犯罪的构成要件，因而不是犯罪行为，行为人也不应承担刑事责任。

最后是狭义共犯的处罚依据和共犯处罚原则问题。共同犯罪是各个共犯人在自己罪过心理的支配下，利用其他共同犯罪人的行为，来控制行为的性质，从而造成危害结果发生。狭义共犯人利用正犯的行为实现自己的犯罪意图，而不论狭义共犯人是否参与实行行为；同时，正犯也是在教唆犯的教唆下产生犯意并进而实行犯罪的，或利用帮助犯创造的便利条件来实行犯罪的，因而也符合刑法中的行为概念。此外，对于共犯人的责任承担问题。对于共犯的处罚，应当按照“各共犯人在自己的主观罪过范围内，依照各自的行为进行处罚”的原则进行处理。至于间接正犯、片面共犯、同时犯、共同过失行为，甚至一方是故意、一方是过失的行为，也可以按照这个原则进行处理。

参考文献

一、中文著作类

[1]高铭暄.中国刑法词典[M].北京:学林出版社,1988.
[2]高铭暄,马克昌.刑法学[M].北京:北京大学出版社、高等教育出版社,2000.
[3]高铭暄,马克昌.刑法学[M].6版.北京:北京大学出版社、高等教育出版社,2014.
[4]高铭暄.刑法专论[M].北京:高等教育出版社,2002.
[5]高铭暄.刑法专论[M].2版.北京:高等教育出版社,2006.
[6]高铭暄.新中国刑法学研究综述[M].郑州:河南人民出版社,1986.
[7]马克昌.近代西方刑法学说史略[M].北京:中国检察出版社,1996.
[8]马克昌.犯罪通论[M].武汉:武汉大学出版社,1999.
[9]马克昌.比较刑法原理[M].武汉:武汉大学出版社,2002.
[10]马克昌.刑法学全书[M].上海:上海科学技术出版社,1993.
[11]赵秉志.外国刑法原理:大陆法系[M].北京:中国人民大学出版社,2000.
[12]熊选国.刑法中行为论[M].北京:人民法院出版社,1992.
[13]赵秉志.刑法基本理论专题研究[M].北京:法律出版社,2005.
[14]赵秉志,吴振兴.刑法学通论[M].北京:高等教育出版社,1993.
[15]赵秉志.刑法基本理论专题研究[M].北京:法律出版社,2005.
[16]赵秉志.犯罪主体论[M].北京:中国人民大学出版社,1989.
[17]赵秉志.刑法总论问题探索[M].北京:法律出版社,2003.
[18]赵秉志.刑法立法研究[M].北京:中国人民大学出版社,2014.
[19]陈忠林.刑法散得集[M].北京:法律出版社,2003.
[20]陈忠林.刑法散得集[M].2版.重庆:重庆大学出版社,2012.
[21]陈忠林.意大利刑法纲要[M].北京:中国人民大学出版社,1999.
[22]陈兴良.刑法全书[M].北京:中国人民公安大学出版社,1997.
[23]陈兴良.刑法哲学[M].北京:中国政法大学出版社,1992.

[24]陈兴良.刑法的人性基础[M].北京:中国方正出版社,1996.
[25]陈兴良.刑法的启蒙[M].北京:法律出版社,2000.
[26]陈兴良.本体刑法学[M].北京:商务印书馆 2001.
[27]陈兴良.刑法的价值构造[M].北京:中国人民大学出版社,1998.
[28]张明楷.外国刑法纲要[M].北京:清华大学出版社,1999.
[29]张明楷.外国刑法纲要[M].2 版.北京:清华大学出版社,2007.
[30]张明楷.刑法学[M].北京:法律出版社,2003.
[31]张明楷.刑法学[M].4 版.北京:法律出版社,2011.
[32]张明楷.法益初论[M].北京:中国政法大学出版社,2000.
[33]张明楷.刑法格言的展开[M].北京:法律出版社,2003.
[34]储槐植.美国刑法[M].北京:北京大学出版社,1996.
[35]储槐植,江溯.美国刑法[M].4 版.北京:北京大学出版社,2012.
[36]储槐植.刑事一体化与关系刑法论[M].北京:北京大学出版社,1997.
[37]韩忠漠.刑法原理[M].北京:中国政法大学出版社,2002.
[38]洪福增.刑法理论之基础[M].台北:刑事法杂志社,1977.
[39]高仰止.刑法总则之理论与实用[M].台北:五南图书出版公司,1986.
[40]林山田.刑法通论[M].台北:三民出版社,1989.
[41]蔡敦铭.刑法总则论文选辑:上[M].台北:三民书局,1989.
[42]杨建华.刑法总则之比较与检讨[M].台北:三民书局,1989.
[43]刘仁文.刑法学的新发展[M].北京:中国社会科学出版社,2014.
[44]李洁.论罪刑法定的实现[M].北京:清华大学出版社,2006.
[45]林亚刚.犯罪过失研究[M].武汉:武汉大学出版社,2000.
[46]许发民.刑法的社会学分析[M].北京:法律出版社,2003.
[47]黎国智,马宝善.犯罪行为控制论[M].北京:中国检察出版社,2002.
[48]黎国智,马宝善.行为法学在中国的崛起[M].北京:法律出版社,1993.
[49]黎宏.不作为犯研究[M].武汉:武汉大学出版社,2003.
[50]钱叶六.犯罪实行行为着手研究[M].北京:中国人民公安大学出版社,2009.
[51]刘士心.刑法中的行为理论研究[M].北京:人民出版社,2012.
[52]邹佳铭.刑法中的行为论纲[M].北京:中国人民公安大学出版社,2011.
[53]范德繁.犯罪实行行论[M].北京:中国检察出版社,2005.
[54]楼柏坤.犯罪行为学基本问题研究[M].北京:法律出版社,2014.
[55]梅传强.犯罪心理生成机制研究[M].北京:中国检察出版社,2004.
[56]周晓虹.现代社会心理学[M].上海:上海人民出版社,2000.

[57]刘生荣.犯罪构成原理[M].北京:法律出版社,1997.
[58]徐久生.德国犯罪学研究探要[M].北京:中国人民公安大学出版社,1995.
[59]余能斌,马俊驹.现代民法学[M].武汉:武汉大学出版社,1995.
[60]刘树德.行为犯研究[M].北京:中国政法大学出版社,1999.
[61]李海东.刑法原理入门[M].北京:法律出版社,1998.
[62]樊凤林.犯罪构成论[M].北京:法律出版社,1987.
[63]邱兴隆,许章润.刑罚学[M].北京:中国政法大学出版社,1999.
[64]喻伟.刑法学专题研究[M].武汉:武汉大学出版社,1992.
[65]宋炳庸.法律行为辩证论[M].延吉:延边人民出版社,1994.
[66]董成林.系统科学与法律行为[M].武汉:湖北人民出版社,2000.
[67]杨国枢.社会及行为科学研究法[M].重庆:重庆大学出版社,2006.
[68]侯玉莲.行为科学的奠基人:乔治·埃尔顿·梅奥[M].保定:河北大学出版社,2005.
[69]谢邦宇.行为法学[M].北京:法律出版社,1993.
[70]杨明权,韩景卫.行为科学[M].西安:陕西人民出版社,2003.
[71]夏勇.人权概念的起源:权利的历史哲学[M].北京:中国政法大学出版社,2001.
[72]张文显.法理学[M].北京:高等教育出版社,2003.
[73]张文显.法哲学范畴研究[M].修订版.北京:中国政法大学出版社,2001.
[74]黄建武.法的实现:法的一种社会学分析[M].北京:中国人民大学出版社,1997.
[75]许章润.萨维尼与历史法学派[M].桂林:广西师范大学出版社,1999.
[76]杨春洗.刑事政策论[M].北京:北京大学出版社,1994.
[77]顾肖荣.中国刑法学词典[M].北京:学林出版社,1989.
[78]王作富.中国刑法适用[M].北京:中国人民公安大学出版社,1987.
[79]陈炳权.心理、行为、激励[M].武汉:湖北人民出版社,1980.
[80]马克思恩格斯全集:第一卷[M].北京:人民出版社,1956.
[81]马克思恩格斯全集:第三卷[M].北京:人民出版社,1960.
[82]现代汉语词典[M].北京:商务印书馆,2005.

二、中文译著类

[83]贝卡里亚.论犯罪与刑罚[M].黄风,译.北京:中国大百科全书出版社,1993.

[84]加罗法洛. 犯罪学[M]. 耿伟,王新,译. 北京:中国大百科全书出版社,1996.

[85]杜里奥·帕多瓦尼. 意大利刑法学原理[M]. 陈忠林,译. 北京:中国人民大学出版社,2004.

[86]恩里科·菲利. 犯罪社会学[M]. 郭建安,译. 北京:中国人民公安大学出版社,2004.

[87]切萨雷·龙勃罗梭. 犯罪人论[M]. 黄风,译. 北京:中国法制出版社,2005.

[88]J. C. 史密斯,B. 霍根. 英国刑法[M]. 马清升,王丽,孙力,等,译. 北京:法律出版社,2000.

[89]戴维·M. 沃克. 牛津法律大辞典[M]. 李双元,译. 北京:法律出版社,2003.

[90]吉米·边沁. 立法理论[M]. 李贵方,译. 北京:中国人民公安大学出版社,2004.

[91]洛克. 政府论:下篇[M]. 叶启芳,瞿菊农,译. 北京:商务印书馆,1961.

[92]博西格诺. 法律之门[M]. 8 版. 邓子滨,译. 北京:华夏出版社,2007.

[93]约翰·罗尔斯. 正义论[M]. 何怀宏,何包钢,廖申白,译. 北京:中国社会科学出版社,1988.

[94]理查德·A. 波斯纳. 法律的经济分析[M]. 蒋兆康,译. 北京:中国大百科全书出版社,1997.

[95]道格拉斯·N. 胡萨克. 刑法哲学[M]. 谢望原,喻春祥,郝明金,等,译. 北京:中国人民公安大学出版社,2004.

[96]汉斯·海因里希·耶赛克,托马斯·魏根特. 德国刑法教科书:总论[M]. 徐久生,译. 北京:中国法制出版社,2001.

[97]考夫曼. 法律哲学[M]. 刘幸义,林二饮,蔡震荣,等,译. 北京:法律出版社,2004.

[98]H. 科殷. 法哲学[M]. 林荣远,译. 北京:华夏出版社,2002.

[99]克劳斯·洛克辛. 德国刑法学总论(第一卷)[M]. 3 版. 王世洲,译. 北京:法律出版社,1997.

[100]格吕恩特·雅科布斯. 行为 责任 刑法:机能性描述[M]. 冯军,译. 北京:中国政法大学出版社,1997.

[101]康德. 法的形而上学原理:权利的科学[M]. 沈叔平,译. 北京:商务印书馆,1991.

[102]黑格尔. 法哲学原理[M]. 范扬,张企泰,译. 北京:商务印书馆,1961.

[103]达德布鲁赫. 法哲学原理[M]. 福田平,译. 东京:有斐阁,1979.

[104]A. H. 特拉伊宁. 犯罪构成的一般学说[M]. 薛秉忠,卢佑先,王作富等,译. 北京:中国人民大学出版社,1958.

[105]凯尔森. 法与国家的一般理论[M]. 沈宗灵,译. 北京:中国大百科全书出版社,1996.

[106]小野清一郎. 犯罪构成要件理论[M]. 王泰,译. 北京:中国人民公安大学出版社,2004.

[107]西原春夫. 刑法的根基与哲学[M]. 顾肖荣,陆庆胜,谈春兰,等,译. 北京:法律出版社,2004.

[108]西原春夫. 犯罪实行行为论[M]. 戴波,江溯,译. 北京:北京大学出版社,2006.

[109]大谷实. 刑法总论[M]. 黎宏,译. 北京:法律出版社,2003.

[110]团藤重光. 刑法纲要总论:改订版[M]. 东京:创文社,1979.

[111]福田平,大塚仁. 日本刑法总论讲义[M]. 李乔石,周世铮,译. 沈阳:辽宁人民出版社,1986.

[112]野村稔. 刑法总论[M]. 全理其,何力,译. 北京:法律出版社,2001.

[113]大塚仁. 刑法概说:总论[M]. 冯军,译. 北京:中国人民大学出版社,2003.

[114]日高义博. 不作为犯罪研究[M]. 王树平,译. 北京:中国人民公安大学出版社,1992.

三、外文著作类

[115]PACEKER H. The limits of criminal sanctions[M]. Redwood City:Stanford University Press,1968.

[116] AUSTIN J. Lectures on jurisprudence [M]. Oxford: Clarendon Press,1978.

[117] WALKER D M. The oxford companion to Law[M]. Oxford: Oxford University Press,1980.

[118]GARNER B. Black's law dictionary[M]. 9th ed. Eagan Minnesota:West Publishing,2009.

[119]POUND R. An introduction to the philosophy of law: revised edition[M]. New Haven:Yale University Press,1982.

[120]HOOD R,HOYLE C. The death penalty: a worldwide perspective[M]. Oxford:Oxford University Press,2008.

[121] PADOVANI T. Diritto Penale (XI Edizione) [M]. Milano: Giuffrè Editore,2006.

[122] PADOVANI T. Diritto Penale (X Edizione) [M]. Milano: Giuffrè Editore,2012.

[123] ALIBRANDI L, e Corso P. Codice penale e di procedura penale e leggi complementari[M]. Piacenza:Casa Editrice La Tribuna,2012.

[124] ANTOLISEI F. Manuale di diritto penale [M]. Milano: Giuffrè Editore, 2000.

[125] CADOPPI A, e VENEZIANI P. Manuale di diritto penale[M]. Padova: CEDAM,2007.

[126] MANTOVANI F. Diritto penale[M]. Padova:CEDAM, 2009.

[127] LIU S. La responsabilità Penale dei Concorrenti nel Concorso di Persone nel Diritto Penale Cinese[M]. Pisa:Edizione Il Campano, 2011.

[128] LIU S, e KILDANI E. Parte Generale del Codice Penale della Repubblica Popolare Cinese[M]. Pisa:Edizione Il Campano2012.

[129] SEMERARO P. Concorso di Persone nel Reato e Commisurazione della Pena[M]. Padova:CEDAM, 1986.

[130] BRUNELLI D. Il diritto penale delle fattispecie criminose[M]. Torino:G Giappichelli Editore, 2013.

四、论文类

[131]管宪平.两大法系刑法中的行为理论比较研究[J].政法学刊,2003,20(2):26-27.

[132]肖中华.论刑法中危害行为的概念[J].法律科学·西北政法学院学报,1996,14(5):41-46.

[133]黎宏.论刑法中的行为概念[J].中国法学,1994(4):74-84.

[134]敖俊德.试论犯罪客体的几个问题[J].北京政法学院学报,1982(1):6-11.

[135]李洁.论犯罪客体与犯罪对象的统一//陈兴良.刑事法评论(第1卷),北京:中国政法大学出版社,1997:490-525.

[136]陈忠林.自由、人权、法治:人性的解读[J].现代法学,2001,23(3):15-30.

[137]欧锦雄.不作为犯罪的行为性[J].法学研究,2003,23(3):93-106.

[138]李永升.关于犯罪概念的多向性思考[J].犯罪与改造研究,2002(7):3-10.

[139]蒋明.刑法中的行为理论的展开[J].行政与法,2001(2):77-78.

[140]童德华.刑法中的行为:机能、概念和犯罪论体系[J].法学评论,2001,

19(6):38-46.

[141]胡东飞.犯罪构成视野中的行为概念:兼谈"犯罪"认定的观念指导[J].中国刑事法杂志,2002(5):34-42.

[142]田宏杰.刑法中的正当化行为与犯罪构成关系的理性思考[J].政法论坛,2003,21(6):55-65.

[143]李居全.浅议英美刑法学中的行为概念:兼论第三行为形态[J].法学评论,2002,10(1):99-105.

[144]郭开元.论刑法中的行为评价机制[J].枣庄师范专科学校学报,2004,21(1):100-104.

[145]朱营周.犯罪行为特征之经验性、智能性、变态性:犯罪行为特征的心理分析[J].河南社会科学,2001,9(6):110-112.

[146]臧震.刑法视野中的原因自由行为[J].法学论坛,2004,19(3):72-76.

[147]陈忠林.论犯罪构成各要件的实质及辩证关系[J].刑事法评论,2000(1):328.

[148]马克昌.刑法中行为论比较研究[J].武汉水利电力大学学报:社会科学版,2001(2):133-147.

[149]郝守才,梁胜涛.刑法中行为理论之比较:兼论我国刑法中的行为概念[J].河南省司法警官职业学院学报,2004,2(3):49-53.

[150]屈学武."基本犯罪构成"与"犯罪成立"关系疏议[J].人民检察,2005(11):18-19.

[151]莫晓宇.我国犯罪成立体系初探[J].河南公安高等专科学校学报,2004,13(2):38-42.

[152]李洁.中日犯罪成立理论体系的特征比较研究[J].法制与社会发展,1996,2(5):49-55.

[153]向朝阳,甘华银.刑法中行为理论探微[J].中国刑事法杂志,2005(1):13-21.

[154]杨素云.中产阶级的法律行为方式与和谐社会构建[J].扬州大学学报:人文社会科学版,2006,10(2):9-14.

[155]高在敏,陈涛.法律行为在近代欧洲率先出现的原因辨析:对民事法律行为本质合法说质疑之五[J].法律科学·西北政法学院学报,2005,23(5):28-38.

[156]金锦萍.论法律行为的动机[J].华东政法学院学报,2005,8(4):34-42.

[157]卓子洪.诚信是我国的传统美德和法律行为的准则[J].江西社会科学,2002(5):145-147.

[158]徐涤宇. 法律行为概念的缘起及其精神气质[J]. 南京大学法律评论,2004(22):191-203.

[159]邓杰. 法律行为方式的法律适用原则新发展[J]. 武汉大学学报:哲学社会科学版,2005,58(3):381-385.

[160]李军. 法律行为的效力依据[J]. 现代法学,2005,27(1):103-107.

[161]于海涌. 论绝对法律行为:透视法律行为理论中的盲点[J]. 现代法学,2006,28(1):60-68.

[162]易军. 私人自治与法律行为[J]. 现代法学,2005,27(3):8-18.

[163]李国强,王潇. 法律行为形式要件的类型分析[J]. 行政与法,2005(4):116-119.

[164]宋炳庸. 原始社会与法律行为[J]. 当代法学,2003,17(4):36-38.

[165]包玉秋,石东坡. 关于作为与不作为法律行为分类的反思[J]. 沈阳师范大学学报:社会科学版,2002,26(6):26-29.

[166]白玉廷. 法律行为效力的限制条件研究:论不完全控制条件与不平衡条件[J]. 东岳论丛,2002,23(1):136-138.

[167]谢鸿飞. 论法律行为概念的缘起与法学方法[J]. 私法,2003(1):55-100.

[168]王利明. 法律行为制度的若干问题探讨[J]. 中国法学,2003(5):72-84.

[169]易军. 法律行为制度的伦理基础[J]. 中国社会科学,2004(6):117-129,206-207.

[170]陈金钊. 论法律行为[J]. 河南大学学报:社会科学版,1992,32(6):65-71.

[171]吴春雷,徐建国. 对法律行为若干问题的探讨[J]. 甘肃政法学院学报,1995(3):30-34.

[172]卓泽渊. 论法律行为的动机[J]. 权与法,1995(3):25-27.

[173]宋炳庸. 法律行为合法性之唯物辩证观[J]. 法学评论,1993,11(2):7-9.

[174]宋炳庸. 法律行为的实质与本质[J]. 法学杂志,2001,22(2):18-19.

[175]张文显. 应当重视和加强法律行为研究[J]. 中外法学,1993,5(1):23-25.

[176]张文显. 法律行为的结构分析[J]. 社会科学,1992(12):25-28,7.

[177]刘霜. 对刑法中"危害行为"的反思[J]. 河北法学,2009,27(7):62-66.

[178]刘霜. 论我国刑法中行为结构层次理论的构建[J]. 河南大学学报:社

会科学版,2006,46(5):92-97.

[179]刘霜.大陆法系行为理论的解读[J].商丘师范学院学报,2008,24(10):92-96.

[180]任彦君,刘霜.论英美刑法中被迫行为的人性基础:兼论我国刑法中的胁从犯[J].信阳师范学院学报:哲学社会科学版,2004,24(2):41-44.

[181]刘霜,任彦君.论英美刑法中的严格责任及其借鉴[J].河北法学,2005,23(3):116-120.

[182]刘霜.刑法调整对象新论[J].云南大学学报:法学版,2005,18(6):24-29.

[183]桂亚胜.危害行为在犯罪构成中的作用[J].江苏公安专科学校学报,2000,14(4):94-97.

[184]吴爱民.对准确把握犯罪行为的社会危害性的思考[J].湖南公安高等专科学校学报,2003,15(4):77-79.

[185]饶景东.议持有型犯罪[J].中外法学,1993,5(6):47-50.

[186]阮方民.论非法持有犯罪[J].法学家,1993(2):64-69.

[187]唐世月,谢家友.论持有型犯罪[J].法律科学.西北政法学院学报,1995,13(4):29-33.

[188]陈正云,孙林.论刑法上的持有行为[N].法制日报,1996-07-06(理论).

[189]张广永.持有行为的法律性质再探讨:兼论我国持有型犯罪的立法之完善[J].中央检察官管理学院学报,1998,6(3):23-26.

[190]李学同.论不作为犯罪的特定义务[J].法学评论,1991,9(4):55-58.

[191]陈正云,李泽龙.持有行为:一种新型的犯罪行为态样[J].法学,1993(5):17-21.

[192]储槐植.三论第三犯罪行为形式"持有"[J].中外法学,1994,6(5):20-22.

[193]储槐植,杨书文.复合罪过形式探析:刑法理论对现行刑法内含的新法律现象之解读[J].法学研究,1999,21(1):50-58.

[194]许发民.论犯罪界定中的社会经济政治因素[J].国家检察官学院学报,2002,10(1):3-12.

[195]周光权.行为评价机制与犯罪成立:对犯罪构成理论的扩展性思考[J].法学研究,2000,22(3):46-72.

[196]马克昌.责任能力比较研究[J].现代法学,2001,23(3):38-47.

[197]何庆仁.原因自由行为理论的困境与诠释[J].中国刑事法杂志,2002(2):25-33.

后记

古诗有云:“十年磨一剑,霜刃未曾试。”古人十年磨一剑,而今我是十年成一书。2006 年本人博士毕业,时至今日已经整整十年时间。由于毕业当年即出国深造,博士论文《刑法中的行为概念研究》一直未出版。十年岁月匆匆划过,其中艰辛不提也罢。

本书的选题是受本人博士生导师陈忠林教授观点的启发而确立的。在攻读博士学位的三年时间里,在孜孜以求苦心钻研的同时,也深深意识到行为概念的难度之大,问题之艰深。继而引发本人长期的思索、理解和感悟。

本人认为,目前我国刑法学界对于刑法中的行为概念尚存在如下难题未得到有效解决:其一,无认识的过失行为问题,尤其是忘却犯的行为问题。既然行为人在行为时是无认识的,为何要对无认识的过失行为承担刑事责任?其二,不作为的行为问题。此问题被誉为刑法理论王冠上的宝石,大陆法系四大行为理论(因果行为论、目的行为论、社会行为论和人格行为论)都无法对此问题做出合理的解释。其三,狭义共犯的处罚依据和处罚原则问题。为什么教唆犯、帮助犯本人没有亲自参与犯罪的实行行为,却同样要承担刑事责任?为何对于共犯的处罚要依据“部分行为承担整体责任的原则”进行处罚?其四,正当行为的正当性根据问题。既然正当行为不是犯罪行为,为何正当行为纳入刑法评价范畴?由此推衍出刑法评价范畴的准入依据是什么?

解决上述疑难问题的钥匙就在于行为概念。行为概念既是研究的起点,也是研究的核心。我国刑法中的行为理论之所以存在诸多难题,问题的关键是刑法学界对于刑法中行为概念定性不准确。刑法中的行为应当重新定性为:行为人控制或应该控制的客观条件,作用于刑法所保护的具体人或物的存在状态的过程。在此行为概念基础上,本书又对该行为概念进行全方位的分析论证,包括行为概念中的“行为人”“控制或应该控制”“客观条件与过程”以及“具体人或物的存在状态”。继而是用重新定性的行为概念对行为理论的疑难问题重新诠释并做出合理解读。

如果说十年前本人的研究还仅仅停留于行为概念的研究，十年后本人的研究领域则开始从“点”（刑法中的行为概念）扩展到“面”（刑法中的行为理论）。具体而言：由对行为概念的重新定性扩展到对刑法中行为的构成要件分析；由刑法中行为概念的基础性研究扩展到刑法中行为结构层次理论的构建；由基础行为论扩展到刑法中行为疑难问题专论（包括犯罪行为论、实行行为论、共同犯罪行为论、不作为行为论、正当行为论、轻罪行为论）等；由本体行为论扩展到行为展开论继而扩展到行为前瞻论，从刑法中行为范畴的逐年扩大敏感意识到我国刑法规定的罪刑结构的改变、定罪量刑模式的转换。

《刑法中的行为概念研究》一书的出版并不意味着对于行为概念乃至行为理论的终结性研究，反而是行为理论研究的起点。在本书出版之后，其姊妹篇《刑法中行为理论的当代展开》也将付梓，该书从对行为概念的本体性研究扩展到刑法中行为结构层次理论的构建性研究，扩展到犯罪行为论、共同犯罪行为论、实行行为论、正当行为论、不作为行为论等行为理论疑难问题的专题研究。第三部相关著作则由行为理论转向刑事立法的合理限度研究，研究设想为“我国刑事立法的新近扩展及其合理限度研究”。该研究项目已经成功获批2016年国家社科基金项目。研究的起点仍然是刑法中的行为，由刑法中的行为开始扩展到刑法中行为的边界研究，最终关注的是我国刑事立法的合理限度问题。以上研究设想及后续即将出版的研究成果希望各界同人能够关注，并欢迎随时提出批评意见。

俗话说，滴水之恩，当涌泉相报。在本书即将付梓之际，怀着感恩的心，感谢那些过去、现在和未来帮助、扶持、鼓励我的人。

首先要感谢我的博士生导师陈忠林老师。“一日为师，终身为父”。先生不仅学问是我恩师，做人更是令人钦佩。当年本人备考西南政法大学博士时，与先生素不相识。先生根本不做计较，按照名次先后公平录取。在以后的三年学习中，只有我和凯石同学听不懂重庆话，先生就一直坚持用普通话授课。在我的博士论文选题期间，先生更是慷慨大方，欣然同意将其研究的精华——刑法中的行为概念作为我的博士论文题目。此后，先生更是一直鼓励、支持和帮助我，推荐我赴意大利继续深造，并成功获得意大利刑法专业博士学位，也是我的第二个博士学位。

毕业十年之后，本人心怀忐忑地给先生发短信，试着询问先生能否为本书作序。没想到先生欣然应允，并洋洋洒洒写了一个长篇。看到先生的序言，禁不住泪如雨下。先生是我的授业恩师，却因为一句话而记在心间这么多年。先生当年批评得很对，我当时根本就未在意，心中只有感谢。但是先

生竟然记在心间,如今竟然要致歉?！我何曾敢当！怎敢承受！同门师兄弟都了解并敬佩先生之为人,有位同窗对我说,很羡慕我能够得到陈老师的亲笔作序。而我又何曾不是感动至极！再次感谢恩师,学生会继续努力,将行为概念、行为理论进一步完善改进!

其次,要感谢我的所有老师——河南大学法学院、北京师范大学刑事科学研究院、西南政法大学法学院、清华大学法学院、中国社会科学院法学研究所的老师们,以及所有刑法同人。感谢你们对我的教导和帮助,我会深深铭记,并继续加油!

再次,要感谢为本书的出版提供资助的郑州大学出版社,感谢我的责任编辑何晓红老师。正是她的一丝不苟的工作态度,勤勤恳恳的工作成绩,使本书能够精益求精,以较好的面目呈现给大家。

最后,感谢我的父母和爱人。是他们一路扶持,陪我到北京学习意大利语,并顺利完成博士论文;是他们替我照看年幼的孩子,让我放心地在国外攻读博士学位;是他们支持我从事理论研究,放弃奢华与功利的生活,安于僻静的汴梁古城,静静地搞学问,做研究。我会继续前行。